MOTION GRAPHICS

 Os livros dedicados à área de Design têm projetos que reproduzem o visual de movimentos históricos. Neste módulo, as aberturas de partes e capítulos fazem referência aos letreiros do cinema mudo e às aberturas e aos encerramentos dos desenhos animados que lotaram as salas de exibição na primeira metade do século XX.

MOTION GRAPHICS

Wellington Soares

Rua Clara Vendramin, 58 . Mossunguê . CEP 81200-170 . Curitiba . PR . Brasil
Fone: (41) 2106-4170 . www.intersaberes.com . editora@intersaberes.com

Conselho editorial
Dr. Ivo José Both (presidente)
Dr. Alexandre Coutinho Pagliarini
Drª. Elena Godoy
Dr. Neri dos Santos
Dr. Ulf Gregor Baranow

Editora-chefe
Lindsay Azambuja

Gerente editorial
Ariadne Nunes Wenger

Assistente editorial
Daniela Viroli Pereira Pinto

Edição de texto
Guilherme Conde Moura Pereira
Mille Foglie Soluções Editoriais

Capa
Charles L. da Silva (*design*)
Krasovski Dmitri/Shutterstock (imagens)

Projeto gráfico
Bruno Palma e Silva

Diagramação
Querido Design

Equipe de *design*
Débora Gipiela
Charles L. da Silva

Iconografia
Sandra Lopis da Silveira
Regina Claudia Cruz Prestes

Dados Internacionais de Catalogação na Publicação (CIP)
(Câmara Brasileira do Livro, SP, Brasil)

Soares, Wellington
   Motion Graphics/Wellington Soares. Curitiba: InterSaberes, 2021.

   Bibliografia.
   ISBN 978-65-89818-42-7

   1. Animação 2. Animação (Filmes) 3. Animação por computadores 4. Computação gráfica 5. Design gráfico I. Título.

21-63225   CDD-741.6

Índices para catálogo sistemático:
1. Design gráfico   741.6

Cibele Maria Dias – Bibliotecária – CRB-8/9427

1ª edição, 2021.

Foi feito o depósito legal.

Informamos que é de inteira responsabilidade do autor a emissão de conceitos.

Nenhuma parte desta publicação poderá ser reproduzida por qualquer meio ou forma sem a prévia autorização da Editora InterSaberes.

A violação dos direitos autorais é crime estabelecido na Lei n. 9.610/1998 e punido pelo art. 184 do Código Penal.

SUMÁRIO

Apresentação 8

1 **Primeiros passos no universo dos motion graphics** 14
   1.1 O que são motion graphics 15
   1.2 A atividade do motion designer 18
   1.3 O mercado de motion graphics 27

2 **História da animação** 38
   2.1 Representação, arte e tecnologia na história da animação 39
   2.2 Persistência retiniana e dispositivos tecnológicos 52
   2.3 Primeiras obras e realizadores da história da animação 61

3 **História da computação gráfica e da animação digital** 72
   3.1 Computação gráfica 74
   3.2 Computação gráfica e animação encontram-se na indústria do entretenimento 79
   3.3 John Lasseter e Pixar: integração de linguagens 86
   3.4 A década de 1990 e o amadurecimento da animação digital 90

4 **Elementos, características e estilos de motion graphics** 100
- 4.1 *Streaming* e motion graphics 102
- 4.2 O grande pilar: os 12 princípios da animação 105
- 4.3 Técnicas e estilos de motion graphics 119

5 **Etapas de um trabalho em motion graphics** 144
- 5.1 Dinâmicas do mercado 145
- 5.2 Projeto de motion graphics 148
- 5.3 Animações em 2D e 3D: diferenças e vantagens 170

6 **Técnicas, animações, *softwares* e fluxo de trabalho em motion graphics** 176
- 6.1 Técnicas de animação 177
- 6.2 *Softwares* utilizados em motion graphics 185
- 6.3 Formatos de arquivo 202
- 6.4 Ferramentas de gerenciamento de equipe 209

Considerações finais 212
Referências 216
Sobre o autor 230

APRESENTAÇÃO

As linguagens dos movimentos e dos sons com sua tão forte expressividade sempre fascinaram a humanidade, que, em sua aurora, já tentava representá-las em desenhos e esculturas. Com o desenvolvimento tecnológico e suas inovações, a animação gráfica em forma de desenhos animados, filmes curtos e experimentações vem ganhando cada vez mais espaço em produções maiores e mais elaboradas.

A inserção contundente das tecnologias digitais na vida dos cidadãos aproximou do tecido social as possibilidades da animação gráfica. A grande profusão de aplicativos e de plataformas digitais abriu um mercado que cresce a cada ano e exige profissionais cada vez mais especializados na criação de peças animadas. Assim, os motion graphics e suas técnicas paulatinamente conquistam seu espaço nesse mercado como uma habilidade requerida de grande importância.

Como componente curricular, Motion Graphics consiste em uma disciplina que envolve uma forte aplicação de ferramentas e princípios de design gráfico, englobando conhecimentos de composição, teoria da cor, Gestalt, tipografia e afins.

A produção cinematográfica constitui, ainda, outra vertente de conhecimento dos motion graphics, uma vez que o cinema sempre utilizou recursos de animação e foi mesmo um precursor dessa forma de expressão, por meio de efeitos visuais em filmes e vídeos.

Também fazem parte desse escopo conhecimentos do ambiente *web* e das diferenças entre plataformas, dispositivos e formatos de arquivos. A internet é uma enorme plataforma de atuação para o profissional de motion graphics, chamado de *motion designer*.

As demandas de mercado demandam um estudo sistematizado do universo dos motion graphics. Como essa atividade profissional tem seu desenvolvimento intimamente ligado aos resultados obtidos com o aprimoramento tecnológico e a sua condição de ferramenta de comunicação de crescente importância no ambiente empresarial, um motion designer confere a elementos estáticos a possibilidade de movimento, elevando a riqueza visual de peças comunicacionais.

No presente, ter contato com um livro com elementos constitutivos do vasto campo dos motion graphics torna-se altamente relevante, pois designers têm à disposição uma variedade de ferramentas digitais tão extensa que uma fonte de conhecimento organizada e compilada se apresenta como um indispensável atalho. Isso, obviamente, não torna dispensáveis estudos complementares, uma vez que o mercado é extremamente dinâmico.

Seja bem-vindo ao incrível mundo da arte animada! Desejamos que sua passagem por esse estudo seja leve, proveitosa, imaginativa e que possamos juntos unir a técnica e a imaginação, na construção de incríveis mosaicos ricos em comunicação e sentido. Além disso, esperamos que o conhecimento aqui oferecido lhe seja útil e constitua uma base sólida para patamares mais altos de conhecimento, criação e ação.

A porta está aberta, vamos lá?

CAPÍTULO 1

PRIMEIROS PASSOS NO UNIVERSO DOS MOTION GRAPHICS

Imagine-se navegando na internet, usando um aplicativo em seu celular, ou mesmo assistindo à televisão. Perceba a enorme quantidade de formas que, a todo momento, rotacionam e transitam de um lado para o outro. Em suas mutações, uma simples forma geométrica se transforma em uma logo cheia de vivacidade. Nesse sentido, todos os elementos parecem bem-articulados, desempenhando perfeitamente seu papel; as cores e as formas, os efeitos sonoros e a tipografia, tudo carrega seu significado.

Pensemos nos pintores, com seus pincéis e suas técnicas, como aquarela, óleo e acrílica. Agora, avancemos na teia de significações que essas técnicas proporcionam e dimensionemos toda essa experiência em movimento.

Esse é o fascinante mundo dos motion graphics, ou seja, a arte a serviço da interação e do movimento, que coloca o elemento tempo como mais um ator nesse palco de beleza e animação.

Representar o movimento por meio de desenhos não é algo novo. Nesse sentido, as pinturas rupestres na Pré-História já serviam ao propósito de reproduzir as sensações de movimento e de narração. Atualmente, as ferramentas de motion graphics figuram no ápice desse intento, permitindo registrar com beleza movimentos e narrativas.

1.1 O que são motion graphics

Grosso modo, os motion graphics (também designados como videografismo ou motion design) são resultado de uma técnica que promove a interação de diversos fatores oriundos do design gráfico e do audiovisual. A própria denominação deixa isso bastante evidente, sendo sua tradução literal algo como "gráfico em movimento".

Entretanto, como explicitaremos na abordagem aqui desenvolvida, essa técnica difere das chamadas *animações clássicas*, baseadas em desenhos feitos quadro a quadro, normalmente com alto detalhamento. Isso porque os motion graphics estão mais associados ao uso de formas geométricas, animações de texto, ilustrações interativas e, recorrentemente, ícones.

Nos motion graphics, há uma mescla de técnicas digitais com uma criação artística artesanal. Valendo-se de recursos multimídia digitais, essa técnica alcança grande riqueza narrativa, por meio de marcações de tempo e padrões inseridos nelas através de *keyframes*.

Se esse termo "parece grego" para você, não se preocupe, pois logo lhe será muito familiar. Por ora, podemos adiantar que os *keyframes* são os instantes mais marcantes de uma animação. Observe na Figura 1.1 a sequência de movimentos que dá vida ao personagem. Esses momentos-chave são os *keyframes* de uma animação.

Figura 1.1 – **Keyframes**

Os *keyframes* são espaços-chave dentro de todos os quadros (*frames*) contidos em uma animação. Em seu interior, são inseridos parâmetros com ordens específicas que determinam mudanças na animação. Essas mudanças podem ser bruscas, gerar movimento e, até mesmo, promover um grande destaque, ou seja, é nos *keyframes* que uma animação de fato é construída.

No decorrer deste escrito, discutiremos sobre a animação digital, um fenômeno recente na história da animação. Nesse sentido, ela recebe maior destaque a partir de técnicas desenvolvidas por precursores como Georges Meliés (1861-1938) e o designer nova-iorquino Saul Bass (1920-1996), um dos grandes edificadores dos motion graphics. Ao criar estruturas gráficas e animadas para os créditos iniciais de filmes como *Psicose* (1960), *Um corpo que cai* (1958) e *O pecado mora ao lado* (1955), Bass transformou-as em parte importante do feitio cinematográfico.

Obviamente, existem outros profissionais que também trabalhavam com técnicas similares, como Norman McLaren (1914-1987), um grande pioneiro da técnica de animação diretamente trabalhada na película. Um exemplo de seus trabalhos é o filme *Vizinhos*, que venceu o Oscar de melhor curta-metragem em *live action*, em 1953.

Live action também soa "grego" para você? Comentaremos bastante sobre essa técnica no decorrer do livro. Neste ponto, apresentamos apenas uma definição. Trata-se de uma forma de criação de filmes com um elenco real, que pode ser filmado junto de animações em 2D ou com emprego de recursos computadorizados. Também pode estar presente em jogos ou em qualquer produção similar que una atores reais com técnicas de animação.

Nesse sentido, é muito popular em adaptações cinematográficas de histórias em quadrinhos, animações e clássicos. Como exemplos é possível citar *Space Jam* (1996), *As Crônicas de Nárnia* (2005), *Malévola* (2014), *O Rei Leão* (2019), *Resident Evil* (2002), *007: Cassino Royale* (2006), *Walking Life* (2001) e o multipremiado *Valsa com Bashir* (2008).

Atualmente, *softwares* modernos conferiram mais celeridade e fluidez às técnicas de animação, diferentemente das primeiras obras, que utilizavam técnicas de videografismo mais trabalhosas e artesanais. Os trabalhos têm passado por um processo de profissionalização crescente, e aplicativos especializados para a técnica de motion design são cada vez mais utilizados. Isso torna os motion graphics uma poderosa linguagem de comunicação.

1.2 A atividade do motion designer

Conforme indicamos, o motion designer é o profissional/artista que cria animações combinando sons, elementos gráficos e textos. Seus trabalhos ilustram propagandas, aberturas e créditos de programas de televisão e filmes, videoclipes, elementos de identidade visual interativa, *websites*, aplicativos para *smartphones*, *tablets* e afins e itens de pós-produção.

Tudo depende do nicho de mercado em que o profissional atua. Nesse sentido, ele pode trabalhar com diversos outros profissionais, como diretores de arte, publicitários, jornalistas, programadores, profissionais de *marketing* e comunicação em geral. Em todos esses processos, o motion designer participa ativamente do processo criativo – conceito, *storytelling*, identidade visual e animação propriamente dita.

São requeridos desse profissional conhecimentos sobre formatos de imagem, taxas de compressão de arquivos para diversos formatos de mídia e áreas de ocupação de tela, seja em ambiente *web*, seja no formato televisivo. Nesse caso, o desafio é garantir que as animações concebidas trabalhem corretamente em telas e dispositivos diferentes.

Além disso, fazem-se necessários estudos aprofundados de design e composição visual, como teoria da cor, Gestalt, proporção áurea. Também é demandado forte embasamento artístico, por exemplo, em artes plásticas, iluminação e linguagem artística. Por fim, conhecimentos de ótica e fotografia também constituem grande diferencial.

Entretanto, uma sólida base em processos de design não basta. Isso porque é preciso ter um vasto conjunto de competências técnicas para dominar os *softwares* que propiciam a manufatura dessas animações, como Adobe After Effects, Adobe Premiere, Adobe Photoshop e Adobe Illustrator.

Na *web*, geralmente, a alta demanda pela atividade dos motion graphics é acompanhada da necessidade de conhecimentos de HTML5, CSS3 e JavaScript. Outro fator de muita importância é a familiaridade com a língua inglesa, já que, nessa área, há muitas produções e tutoriais nesse idioma. Por último, estudos de desenho e ilustração e domínio de ferramentas 3D são, também, altamente desejáveis para os motion designers.

No que diz respeito à formação acadêmica, ela normalmente é realizada por egressos dos cursos de Design de Animação, Design Digital, Desenho Industrial, Publicidade e Propaganda e, em alguns casos, Marketing. Outro caminho para o motion designer é a formação autodidata.

Como é possível perceber, dominar as técnicas dos motion graphics exige uma alta curva de aprendizado, com a necessidade de domínio de aplicativos com certo grau de complexidade e de conhecimentos sobre design e arte. Esses fatores tornam os profissionais desse mercado relativamente raros.

Com a demanda crescente por serviços de motion graphics, a remuneração dos profissionais *freelancers* da área tende a aumentar, ou seja, trata-se de uma carreira promissora para profissionais do design e do audiovisual.

Como verificamos, esse trabalho envolve diversos domínios tecnológicos e artísticos. Por isso, conhecimentos de mercado, literatura e linguagem *pop* também agregam valor ao perfil do profissional.

O motion designer é inquieto, criativo, observador e inovador. Desse modo, sempre busca um diferencial, uma nova abordagem e uma visão cultural rica para a criação de conteúdo chamativo e interessante.

1.2.1 Atividades profissionais do motion designer

Como demonstraremos adiante, o uso dos motion graphics teve sua gênese no cinema, mas, atualmente, essa técnica se faz presente em áreas muito diversas da produção audiovisual. As tecnologias digitais são uma parte cada vez mais vital de nosso dia a dia. O aumento significativo do uso de *smartphones* e os lançamentos diários de aplicativos, *websites*, *startups* e afins contribuem para a criação de um grande cenário de oportunidades para o motion designer.

Crescentemente, os sistemas interativos e de mensagens do *marketing* e da publicidade usam interfaces gráficas e animadas para conquistar clientes e usuários. Observemos, na sequência, algumas das áreas de atuação para esse profissional.

Publicidade

A publicidade utiliza bastante os motion graphics, apresentando produções muito interessantes. Isso atrai a atenção do público com peças publicitárias visualmente atraentes.

As peças visuais que utilizam os motion graphics têm a vantagem de transitar nos meios *on-line* e *off-line*, o que reforça a imagem das marcas na mente do consumidor. Além disso, os custos de produção são otimizados, uma vez que um filme publicitário que utilize técnicas de motion graphics pode ser muito mais barato do que filmagens ou animações em seus moldes tradicionais. Isso dá aos pequenos anunciantes possibilidades reais de criação de peças de alta qualidade visual.

Educação a distância

O mercado de educação a distância (EAD), sem dúvida, é um dos que mais cresce no Brasil. As necessidades urgentes de processos educacionais que superem barreiras geográficas e aproximem todos do conhecimento, o ritmo acelerado da globalização, a popularização da banda larga e as dificuldades de locomoção geram demandas por alternativas de capacitação que sejam mais flexíveis às rotinas particulares das pessoas.

Nos últimos anos, o EAD no Brasil teve um crescimento expressivo se comparado ao ensino presencial, conforme o último censo divulgado pela Associação Brasileira de Educação a Distância (Abed, 2021). Com dispositivos conectados à internet, o aprendizado tornou-se mais veloz. No entanto, a ausência de interação com a sala de aula exige criatividade e recursos visuais dinâmicos. Por isso, o EAD é mais uma área de atuação para o profissional de motion graphics.

Empresas de tecnologia

O mercado de tecnologia utiliza cada vez mais os motion graphics. Logo, trabalhar diretamente com as empresas de tecnologia na criação de interfaces animadas é um nicho em crescimento.

Os grandes *players* do mercado, como Google, Airbnb, Facebook, Snapchat, Uber, contam com equipes especializadas em motion design. Nesse caso, existe forte integração também com projetos de usabilidade e experiência do usuário.

Contudo, isso não está restrito a grandes empresas, pois o modelo estrutural de produção em motion graphics pode ser reproduzido em escala menor. Por isso, organizações menores também se movimentam para contar com equipes especialistas nesse formato de comunicação, o que gera boas oportunidades no mercado.

Web, aplicativos e *startups*

O modelo de negócio das *startups* é marcante no mercado e só tende a crescer. A ligação entre estas e serviços providos por meio de aplicativos é quase uma simbiose. Nesse sentido, o grande desafio é oferecer novidades ao usuário, como interfaces visuais interessantes. Dessa forma, um bom projeto de motion graphics é essencial para promover um diferencial.

Pensando apenas na *web*, as possibilidades também são inúmeras: anúncios para redes sociais, aplicações para canais de YouTube e vinhetas para grandes *influencers*.

Explainer videos

Indo de tutoriais a apostilas, passando por qualquer atividade que requeira explicações claras de um produto ou serviço, o motion designer tem no mercado de produção de *explainer videos* (vídeos explicativos) um excelente caminho profissional. Isso porque a paciência do usuário para longas e cansativas leituras sobre, por exemplo, montar um aparelho para uma tarefa qualquer é cada vez menor, o que tem motivado empresas a adotar novas formas de apresentação de manuais de produtos e materiais didáticos.

Eventos

Os motion graphics entraram de forma assertiva no mercado de eventos. *Shows* de todos os portes, eventos corporativos, esportivos, congressos e afins usam os recursos de animação para aumentar a interação com o público.

Nesse caso, o uso das técnicas de m*otion graphics* pode seguir princípios tanto informacionais quanto de entretenimento. No caso de um *show*, um *motion* serve para poder conferir harmonia entre o artista e a canção. Já no caso de um evento corporativo, seu papel é principalmente o de informar de maneira ilustrativa e agradável ao público.

Televisão

Já reparou quantas aberturas de programas de televisão contam com recursos de *motion*? E, dentro desses mesmos programas, quantos quadros utilizam as mesmas técnicas? A força dos motion graphics não apenas enriqueceu as tradicionais vinhetas, mas, nos últimos anos, invadiu diversos espaços e momentos da programação televisiva. Isso tornou a televisão mais digital e interativa. Por isso, recursos animados são cada vez mais estratégicos na manutenção da audiência.

Mercado de *streaming*

O que dizer sobre o avassalador mercado de *streaming*? Cada vez mais pessoas em todo o planeta estão aderindo à programação de grandes empresas e plataformas do ramo, como Netflix, Amazon Prime e Disney+.

Pesquisas recentes afirmam que, no Brasil, no primeiro semestre de 2020, uma em cada cinco pessoas começou a utilizar serviços de *streaming*, ou seja, a demanda é crescente e é enorme o espaço de atuação dos profissionais de motion graphics.

Produtoras de *videogames*

A indústria multimilionária dos jogos eletrônicos sabe que jogar *videogames* é uma mania planetária, por seu caráter informal, divertido e prazeroso. É notória a presença de animações não apenas nos jogos em si, mas também nos controles, nas transições de tela, nos *menus* de navegação, nos botões, nas telas de carregamento, nas animações de *save point*, entre outros.

Dos clássicos revisitados, como Pac-Man (1980) e Super Mario Bros (1986), até os jogos mais recentes, pode-se observar claramente o trabalho de motion design em qualquer *videogame*. Por constituírem uma área de trabalho puramente digital, nas produtoras é grande a demanda por profissionais talentosos.

Video mapping

A técnica do *video mapping* (Figura 1.2), ou projeção mapeada, faz uso de projeções visuais com alto grau de profundidade em situações de 3D e pode ser aplicada em objetos ou superfícies diversas, como fachadas de edifícios, salões de festa, ruas, praças, esculturas e estátuas.

Com presença marcante em eventos e na publicidade, esse método é cada vez mais popular e muito utilizado em ações de *marketing* promocional, eventos corporativos e diversas outras ocasiões. Um projeto de *video mapping* apresenta grande complexidade técnica e espacial. Sua estrutura requer a participação de fotógrafos, arquitetos, engenheiros, diretores de arte e profissionais de motion design, responsáveis por dar vida ao projeto.

A escolha da superfície a ser mapeada exige estudo, pois esta será a tela de projeção. Situações que envolvem o *video mapping* costumam encantar a plateia e tornar qualquer evento um grande espetáculo. Além disso, a sensibilidade do motion designer, aliada a sua base técnica e conceitual, encontra nesse mercado mais um grande atrativo de carreira.

Figura 1.2 – **Video mapping**

UX Animation

A união dos princípios de *user experience* (*UX*), ou experiência do usuário, e das técnicas de animação encerra certos desafios. Isso porque a animação, nesse caso, não se presta apenas a enfeitar uma interface, devendo agregar facilidade e interatividade. Além disso, é exigida atenção à arquitetura de elementos informacionais em um projeto dessa natureza.

Os princípios devem acompanhar a aplicação prática de ideias que orientam o uso de ferramentas de *performance* para a manipulação de uma interface interativa na busca de um resultado. Deve-se respeitar hierarquias, transições devem ser úteis aos propósitos do aplicativo, enfim, conhecimentos de *motion* devem trabalhar com sistemas inteligentes de manipulação e fornecimento de informação. Trata-se de um mercado ainda carente de bons profissionais.

Ilustração para *motion*

Outro campo muito promissor é o de ilustradores especializados em motion graphics, os quais produzem signos gráficos, identidades visuais de marcas, *storyboards*, *concepts* de cenários e personagens; além de cirar peças de arte digital, arte vetorial, animação em 2D, materiais ilustrativos de EAD, montagens fotográficas entre outras produções. Em suma, esse profissional dá vida aos projetos interativos, tão presentes no atual mercado de ilustração digital.

Os mercados de jogos, quadrinhos e ilustração estão em crescimento no Brasil. Nesse aspecto, as marcas buscam criar e manter uma identidade gráfica. Por isso, a tendência é que o profissional de animação seja bastante requisitado.

1.3 O mercado de motion graphics

O mercado de trabalho em motion graphics encontra-se em expansão. Nesse sentido, a excelente relação custo-benefício de suas diversas aplicações comerciais e sua técnica cada vez mais solicitada nas produções audiovisuais geram demanda por parte de quem necessita de qualidade e atratividade na produção audiovisual.

A especialização em motion graphics proporciona ao mercado uma gama de profissionais versáteis, com extensas bagagens culturais e habilidade de avaliar cenários. Estes precisam compreender quais técnicas e linguagens são as mais adequadas para cada projeto.

Em 2018, uma pesquisa empreendida pelo maior veículo sobre motion graphics do Brasil, o *blog* Layer Lemonade, buscou mapear o cenário profissional da área em território nacional (Toscano, 2019). Os dados foram colhidos e compilados em questionário aplicado a 2.259 profissionais. Isso, inclusive, gerou surpresa, pois não se imaginava esse número de profissionais atuantes no Brasil.

A pesquisa foi dividida em quatro blocos distintos, focados em interesses específicos:

- dados demográficos e gerais;
- dados de atividade *freelancer*;
- dados de profissionais formalmente contratados;
- dados de proprietários de estúdios.

A seguir, disponibilizamos gráficos com os resultados para cada bloco.

Dados demográficos gerais

Gráfico 1.1 – **Profissionais de motion graphics no Brasil por gênero**

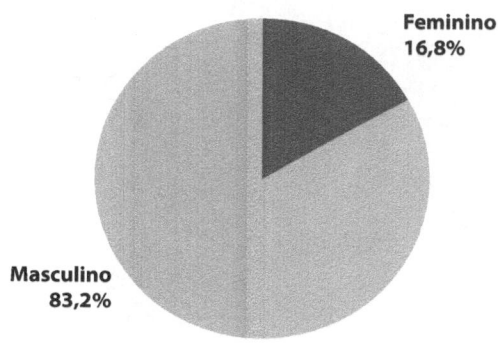

Fonte: Elaborado com base em Toscano, 2019.

Gráfico 1.2 – **Profissionais de motion graphics no Brasil por faixa etária**

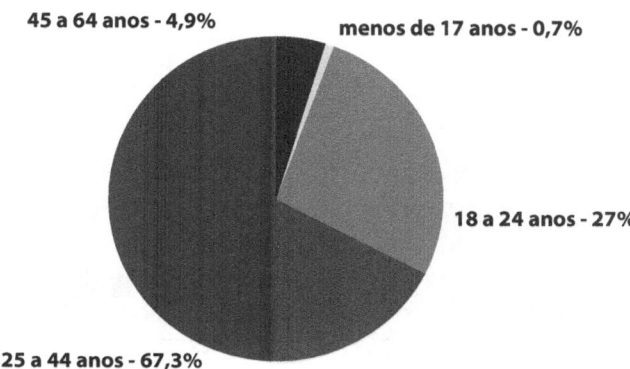

Fonte: Elaborado com base em Toscano, 2019.

Gráfico 1.3 – **Profissionais de motion graphics no Brasil por região**

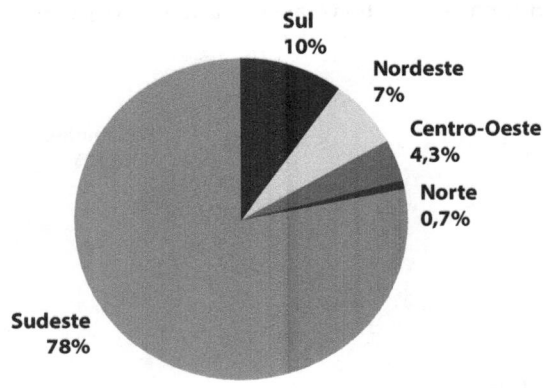

Fonte: Elaborado com base em Toscano, 2019.

Gráfico 1.4 – **Formação acadêmica dos profissionais de motion graphics no Brasil**

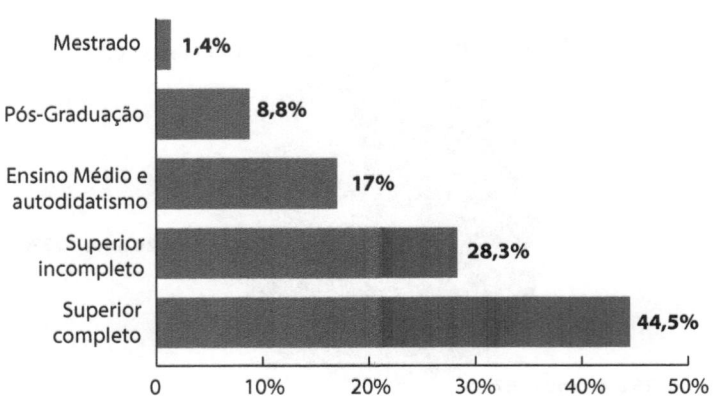

Fonte: Elaborado com base em Toscano, 2019.

Gráfico 1.5 – **Rotina de trabalho e estudo dos profissionais de motion graphics no Brasil**

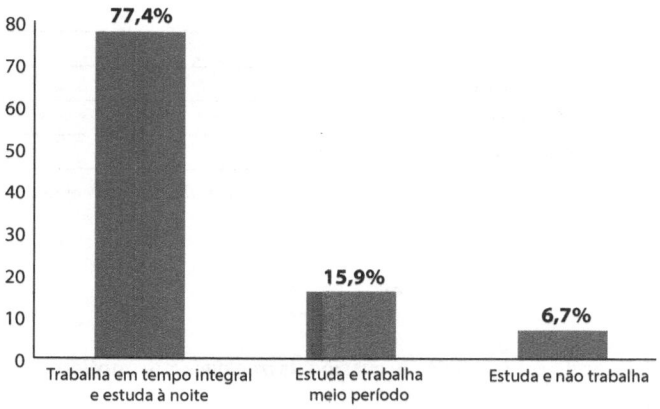

Fonte: Elaborado com base em Toscano, 2019.

Gráfico 1.6 – **Carga horária semanal de trabalho dos profissionais de motion graphics no Brasil**

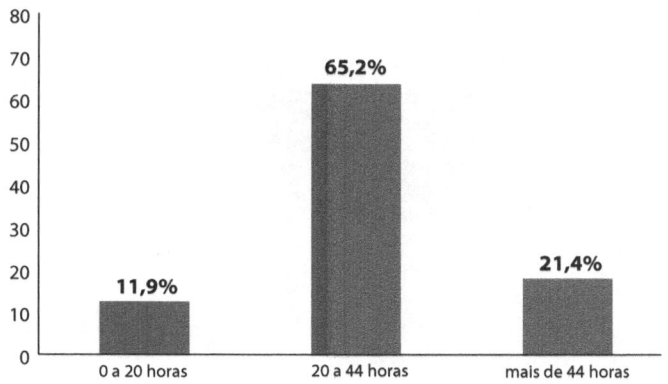

Fonte: Elaborado com base em Toscano, 2019.

Quadro 1.1 – **Áreas de atuação mais aquecidas para os profissionais de motion graphics no Brasil**

Posição	Área
1º	Publicidade e televisão
2º	*Web*, aplicativos e *videogames*
3º	Filmes e séries
4º	Realidade aumentada e *virtual reality* (*VR*)

Fonte: Elaborado com base em Toscano, 2019.

Dados relativos aos *freelancers*

Gráfico 1.7 – **Formas de cobrança dos profissionais *freelancers* de motion graphics no Brasil**

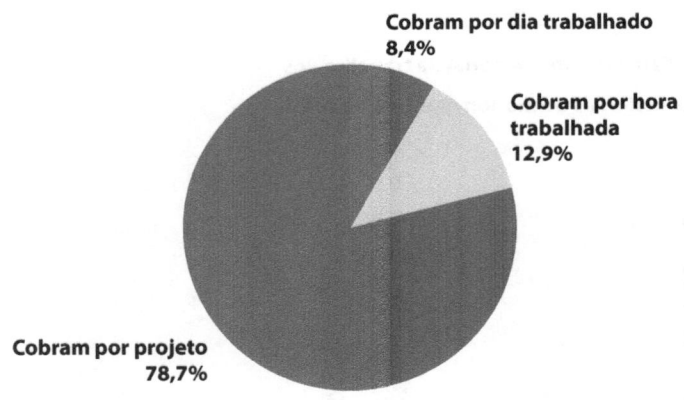

Cobram por dia trabalhado
8,4%

Cobram por hora trabalhada
12,9%

Cobram por projeto
78,7%

Fonte: Elaborado com base em Toscano, 2019.

Figura 1.3 – **Média de renda dos profissionais *freelancers* de motion graphics no Brasil**

Iniciantes:
R$ 1.000,00 a 3.000,00

Intermediários:
R$ 3.500,00 a 7.000,00

Seniores:
R$ 8.000,00 ou mais

Fonte: Elaborada com base em Toscano, 2019.

Dados relativos aos funcionários fixos

Gráfico 1.8 – **Perfil de remuneração dos funcionários fixos de motion graphics no Brasil**

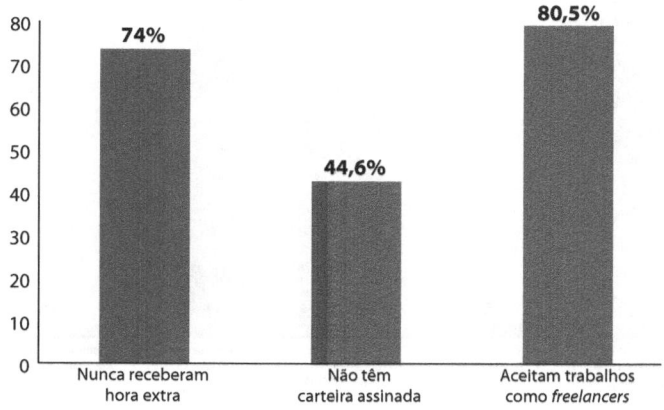

Fonte: Elaborado com base em Toscano, 2019.

Figura 1.4 – **Média de renda dos funcionários fixos de motion graphics no Brasil**

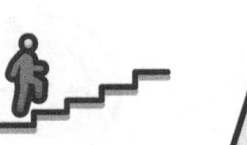

Iniciantes:
R$ 2.000,00 a 2.500,00

Intermediários:
R$ 3.000,00 a 5.000,00

Seniores:
R$ 6.000,00 a 10.000,00

Fonte: Elaborada com base em Toscano, 2019.

Dados relativos aos donos de estúdios

Gráfico 1.9 – **Perfil de empresas de motion graphics no Brasil**

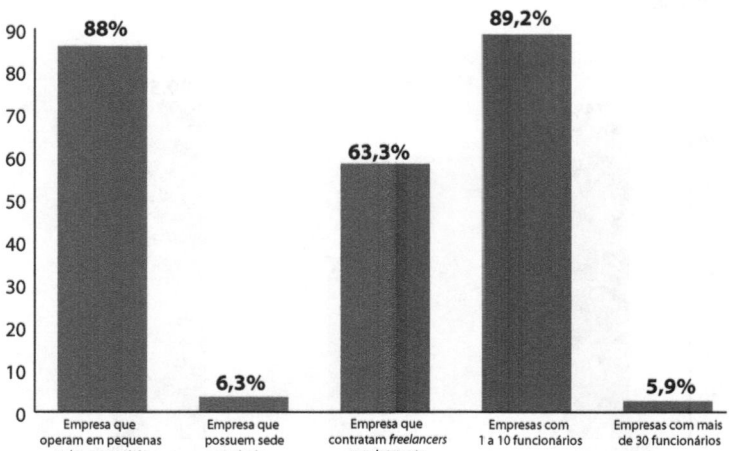

Fonte: Elaborado com base em Toscano, 2019.

Figura 1.5 – **Pró-labore das empresas de motion graphics no Brasil**

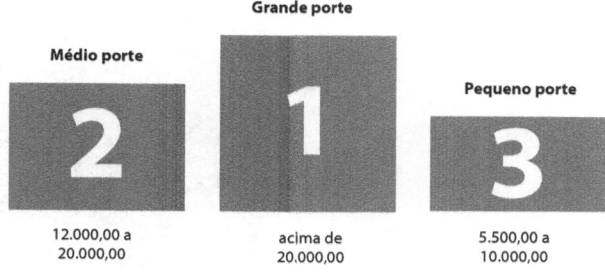

Fonte: Elaborada com base em Toscano, 2019.

Como podemos perceber com a análise dos dados da pesquisa, o mercado para o profissional de motion graphics está em franco crescimento e, com o avanço da digitalização das mídias, a demanda por especialistas na área tende a aumentar no futuro.

Com a popularização de tecnologias e ferramentas digitais de produção e design, oportunidades maiores surgem. A comunicação com o público por meio de recursos interativos segue o comportamento do usuário moderno, que prefere acompanhar imagens significativas a ler longos textos e notícias de forma tradicional. Desse modo, a produção de peças audiovisuais gera resultados mais rápidos na comunicação. Motion designers podem trabalhar tanto como *freelancer*s quanto como funcionários em agências de comunicação, estúdios e diversos outros segmentos.

CAPÍTULO 2

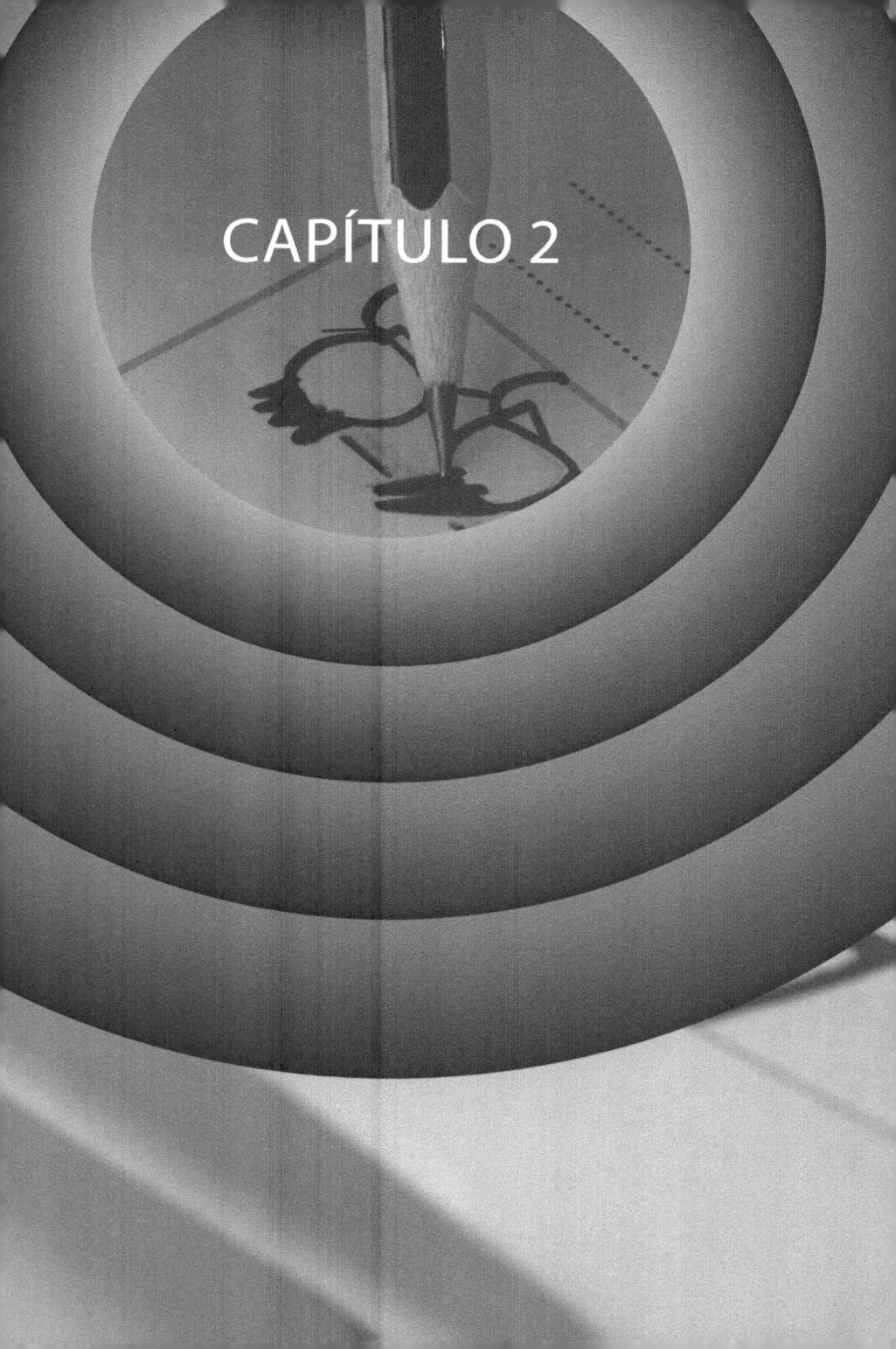

HISTÓRIA DA ANIMAÇÃO

No capítulo anterior, destacamos um panorama geral dos motion graphics. Nesse sentido, abordamos características gerais das técnicas – que serão aprofundadas no decorrer desta obra –, destacamos o perfil multimidiático do motion designer, bem como elencamos as áreas em que ele está habilitado a atuar. Por fim, tratamos do crescimento desse mercado no Brasil.

Neste capítulo, trataremos da história das artes da animação em seu contexto geral. Iniciaremos nosso percurso com as tentativas primitivas de representação do movimento e da narrativa, passaremos pelos momentos tecnológicos que incrementaram a criação técnica e artística da cinematografia e chegaremos ao universo dos desenhos animados. Por fim, abordaremos a computação gráfica, atualmente muito presente em todas as áreas da comunicação.

2.1 Representação, arte e tecnologia na história da animação

Quando falamos em animação, referimo-nos a processos em que cada fotograma de um filme é produzido de forma individual, seja por meio da computação gráfica, seja fotografando repetidas variações de uma imagem desenhada e gerando uma decomposição do movimento. Esses fotogramas, quando ligados entre si e vistos a uma velocidade de 16 ou mais imagens por segundo, provocam na retina a ilusão de movimento contínuo.

A animação gráfica é, sem dúvida, um dos recursos midiáticos mais utilizados do planeta. Isso porque ela alcança públicos altamente diversificados e está fartamente representada em espaços de visualização como a internet, as salas de cinema e a televisão. É vital que o profissional da área conheça a história da animação e que compreenda sua abrangência e seu papel na comunicação contemporânea. As peças de animação são produtos culturais, que podem entreter, conscientizar e provocar reflexões diversas no espectador.

2.1.1 Animação na Pré-História: pintura rupestre

Em uma perspectiva arqueológica, o termo *arte rupestre* refere-se a marcações gráficas criadas pelo homem em pedra natural bruta, nas paredes de cavernas ou em grandes blocos. Essas pinturas são encontradas em todos os continentes em que se registrou a presença do homem pré-histórico e mostram desde traços simples até representações de grande sofisticação e estilização.

Elas podem ser classificadas em três grandes grupos: zoomórfico (representação de animais), antropomórfico (representação de figuras humanas) e um último grupo, constituído de símbolos que podem narrar uma grande diversidade de indicações, como calendários astronômicos, que buscavam descrever períodos e trajetórias de corpos celestes.

Alguns dos locais mais famosos com pinturas rupestres se encontram nas grutas de Lascaux, na França, e Altamira, na Espanha. Segundo os especialistas, os pigmentos utilizados eram constituídos, inicialmente, por uma gama de pastas cuja composição tinha como base o carvão. Em pinturas mais recentes, verificou-se o uso de pigmentos mais elaborados e com maior resistência.

Figura 2.1 – **Pinturas rupestres na Caverna de Chauvet**

Não havia uma linguagem gráfica estruturada, por isso se pode classificar tais expressões como pré-linguagem. O que se percebe nos estudos dessa manifestação gráfica é a tentativa de exprimir uma comunicação (Azevedo Netto, 2014). De acordo com Bense (1975), conceitos de animação estavam presentes nessa antiga forma de arte e o caráter de narração do cotidiano revela, nessas pinturas, a tentativa de representar a movimentação das caçadas, a disparada de animais e outros eventos e tarefas do dia a dia. Por meio dessa forma de comunicabilidade, o indivíduo pré-histórico buscava fazer relatos aos demais integrantes de seu grupo.

No que tange à história da animação, a pintura rupestre pode ser considerada a primeira tentativa de representar o movimento por meio de uma sequência de quadros ou, ainda, de narrar ações e movimentos com imagens.

2.1.2 Animação na Antiguidade: Egito Antigo

Em sua arte, os egípcios da Antiguidade visualizavam a decomposição do movimento, fosse em sua reprodução, fosse, até mesmo, nos desenhos que fazem lembrar do *frame* a *frame* (quadro a quadro). Tanta engenhosidade coloca essas manifestações entre as expressões artísticas mais apreciadas da história da arte.

Essa forma de arte altamente narrativa estava profundamente ligada à forte religiosidade do povo egípcio, tal que uma parte expressiva de sua produção dedicava-se aos deuses locais. Havia, ainda, destaque para os faraós e seus atos políticos. Padronagens de cores, formas e modelagens eram um cânone, ou seja, um padrão seguido por todos os artistas daquela época (Araújo, 2005).

Figura 2.2 – **Exemplo de arte do Egito Antigo**

O uso de cores era bastante presente na expressão egípcia e esses pigmentos eram obtidos com a extração e a mistura de insumos minerais. Mais do que motivações estéticas, a aplicação das cores carregava significações particulares (Araújo, 2005). Por exemplo, o preto, extraído do carvão de madeira ou, ainda, do óxido de manganésio, associava-se à morte e à noite na maior parte das vezes. Em certos contextos, poderia, ainda, reforçar ideias de fertilidade do Nilo e era utilizado em sobrancelhas, olhos, perucas e bocas. Seu direto oposto, o branco, extraído do gesso ou da cal, estava ligado à pureza e era aplicado em objetos rituais.

Obviamente, outras cores também eram utilizadas. O vermelho, por exemplo, poderia representar a energia e a vitória, sendo também aplicado nos olhos e nos cabelos do deus Seth, assim como nos corpos humanos (Araújo, 2005). O amarelo, por sua vez, era a cor do sol e do ouro, representando o eterno, sendo muito usado na pintura das peles dos deuses, as quais, conforme a crença, eram áureas. O verde referia-se à vida, e o azul representava as águas do Nilo, suas benesses e a criação. A perspectiva religiosa da narrativa egípcia dava grande valor à linguagem das cores.

Outro fator de representação gráfica no Egito Antigo era a lei da frontalidade. Segundo seus princípios, os olhos, o peito e os ombros eram representados de frente para o espectador, ao passo que a cabeça e as pernas eram representadas de lado. Acreditou-se, por muito tempo, que isso assim era feito por causa da falta de técnica dos artistas. No entanto, essa visão mudou e, atualmente, compreende-se que essa técnica foi utilizada com o intuito de mostrar o máximo possível do corpo humano para o observador (Araújo, 2005).

2.1.3 **Animação na Antiguidade: Grécia Antiga**

A pintura da Grécia Antiga, assim como no contexto egípcio, apresentava forte caráter narrativo. Os registros que temos hoje à disposição estão, em sua absoluta maioria, contidos na arte cerâmica. Nesse sentido, os vasos gregos são muito esmerados, pois existia uma intenção de harmonizar a forma, os desenhos, o uso das cores e a função pretendida – rituais religiosos ou armazenamento de água, vinho, azeite e mantimentos diversos. Logo, sua forma era alterada para que, visualmente e ergonomicamente, a peça se prestasse a determinada função.

As primeiras pinturas eram bastante geométricas e as formas orgânicas, como pessoas e animais, eram bem estilizadas. As representações narravam atividades diárias e passagens mitológicas. Nas cerâmicas mais antigas, utilizava-se, comumente, figuras negras sobre um fundo vermelho, com quase nenhum uso de profundidade. Por volta de 500 a.C., percebeu-se uma inversão: os fundos dos vasos passaram a ser negros e as figuras, vermelhas.

Com o passar do tempo, foram inseridos novos recursos, como o escorço e o uso de perspectiva. Aparecem também cerâmicas com figuras vermelhas sobre fundos brancos, partindo, então, para uma alta diversificação de cores. Toda a face externa dos vasos gregos eram ornamentadas com pinturas. Assim, quando girados, simulavam movimento.

Figura 2.3 – **Vasos gregos**

Kamira/Shutterstock

2.1.4 Sombra chinesa

A sombra chinesa é uma manifestação bastante tradicional de teatro envolvendo o uso de bonecos, mãos e objetos postados ente uma fonte de luz e uma tela, na qual o espectador vislumbra as sombras projetadas.

Essa técnica era tradicional no Oriente, em países como China, Índia, Java, Bali e Malásia.

Segundo a tradição oral, essa manifestação tem origem no século II a.C. À época, o então imperador chinês Wu-Ti, profundamente entristecido pela morte de sua esposa, somente encontrou algum consolo após visualizar sua sombra projetada em uma tela de linho. Iniciava-se, assim, o jogo de sombras chinesas, que, mais tarde, foi difundido em Java. Na Índia, por sua vez, passou a ser usado para contar histórias, sendo considerado por pesquisadores como um dos precursores do que muito tempo depois viria a ser o cinema.

Todavia, cabe ressaltar que a origem chinesa não é uma unanimidade entre estudiosos. Há dúvidas se tal origem remonta de fato à China, com uma difusão posterior pela Índia e a Indonésia, até chegar à Europa pela Turquia, ou o contrário. Na segunda hipótese, sua origem seria turca (Berthold, 2004).

Independentemente de sua origem real, foi o formato chinês que se difundiu. Os bonecos e as formas animadas eram, inicialmente, recortados em couro. Mais tarde, outros materiais foram adotados.

Após recortadas, as figuras são fixadas em estruturas de arame e aproximadas de uma tela translúcida, na qual a luz incide.

Os arames são utilizados para manipular o movimento, e são percebidos pelo público que está do outro lado da tela. Existe também o uso de uma vara nessa manipulação, que pode se alternar aos arames para movimentos extras, como membros e cabeça.

Figura 2.4 – **Sombras chinesas**

A composição visual das figuras obedecia às convenções possíveis para a época. Normalmente eram representadas de perfil, de frente e com pequenos buracos para enriquecer as formas. Ainda na atualidade, esse teatro é considerado uma forma de arte de animação de grande beleza. O artista que dominava essa técnica era chamado de *dalang*.

Normalmente, essas encenações duravam mais de uma hora, pois narravam histórias épicas e contos sagrados, com aventuras de guerreiros, reis e deuses. A princípio, tinham destaque as histórias mitológicas; porém, a partir do século XIII, as narrativas assumiram uma face menos religiosa, mais notadamente nos países islâmicos (Montecchi, 2007).

A forma mais popular dessa manifestação no mundo islâmico surgiu na cidade turca de Bursa, ainda no século XIII (Montecchi, 2007). Nesse contexto, denominada *Teatro de Karagöz*, com forte conteúdo de crítica político-social, notabilizou-se por ser uma arte noturna e popular, realizada em feiras e locais pobres. O manipulador cuidava sozinho dos movimentos, do texto e da sonoplastia.

Na contemporaneidade, há grupos dedicados a essa forma de expressão em todo o mundo.

2.1.5 **Flipbook**

Criados por John Barnes Linnett, em 1868, os *flipbooks* são constituídos de folhas agrupadas, que formam verdadeiros livros animados. Neles, existem sequências de desenhos. Ao manusear o livro-caderno com o polegar e folhear em velocidade constante, uma estrutura de desenho animado acontece e o olho humano capta a sequência como imagens contínuas (Ribeiro, 2001).

2.1.6 **Lanterna mágica**

A lanterna mágica consiste em um aparelho que, em uma sala escura, projeta sobre uma tela branca imagens anteriormente pintadas em placas de vidro. A tela pode ser uma parede, ou feita de materiais como tecido ou couro branco (Mannoni, 2003).

Sua origem está ligada a outro objeto, a chamada *câmara escura*, uma caixa fechada com paredes opacas, na qual a luz penetra apenas por um orifício em um dos lados. Assim, a luz é projetada em uma superfície fotossensível do outro lado e "grava" a imagem nela. Essa foi uma das grandes descobertas da fotografia.

Em 1558, o físico italiano Giovanni Bapttista Della Porta (1540-1615) descreveu detalhadamente o mecanismo de funcionamento da lanterna mágica em sua obra *Magia naturallis (Mágica natural)*. Nesse mesmo ano, uma nova edição do texto abordou o conceito de exibição como espetáculo utilizando a tecnologia da câmara escura (Mannoni, 2003).

Esse caráter de apresentação como espetáculo, sugerido por Della Porta, antecipava o que viria a ser a lanterna mágica no século seguinte, conceituando a câmara escura como partícipe de uma espécie de "teatro óptico", aparato competente para a projeção de histórias, a composição de cenários e a narração de aventuras fantásticas. Assim, a técnica deixava o domínio puro e simples da ciência para adentrar a seara da representação e da ilusão (Mannoni, 2003), convertendo-se, rapidamente, em uma forma de entretenimento famosa durante todo o século XVII (Ribeiro, 2001).

Com a evolução da tecnologia, as necessidades de uso para a diversão e a complexidade de funcionamento da câmara escura, certas adaptações foram feitas, culminando na criação da lanterna mágica. Segundo Mannoni (2003, p. 58), o "princípio da lanterna mágica permaneceu o mesmo, com algumas poucas variantes, do século XVII ao fim do século XIX".

Foi então que surgiu o conceito inicialmente abordado nesta seção: uma caixa ótica em que se projetam formas em uma tela utilizando imagens pintadas sobre uma placa de vidro.

Figura 2.5 – **Lanterna mágica**

A placa com a imagem gravada era introduzida de forma invertida, em um "passa-vistas" alocado na frente do foco luminoso, que poderia ser uma vela ou uma lâmpada a petróleo. Assim, as imagens projetadas surgiam na tela.

Placas mecanizadas desenvolvidas ao longo do século XVIII iniciaram a projeção de animações, que pontuavam alguns momentos da apresentação ou tinham um caráter contínuo (Silva, 2021). Havia ainda grande dificuldade na confecção das placas por sua forma artesanal de fabricação, tal que, muitas vezes, eram necessários dias para ficarem prontas. Artesãos, pintores, gravadores, miniaturistas e demais profissionais tinham de demonstrar grande habilidade para criar uma relação técnica e lúdica no jogo de cores e sombras (Mannoni, 2003). Desde seu início, a animação sempre se equilibrou entre a técnica e a arte.

A lanterna mágica também inseriu o fantástico em suas animações e narrativas. Nesse sentido, a técnica da **fantasmagoria**, uma espécie de *show* luminoso criado por mágicos e cientistas a partir do final do século XVIII, incrementou as exibições com o aparelho. Tratava-se de uma forma de entretenimento visual sofisticada, na qual se invocava o sobrenatural por meio da projeção de imagens de espíritos de pessoas mortas.

No início da exibição, as luzes eram apagadas e as paredes da sala, propositalmente encortinadas de negro. Isso criava uma atmosfera assustadora, o que aumentava as sensações dos espectadores. Com isso, o trabalho cênico e de direção também se sofisticou. Os pioneiros nesse tipo de espetáculo foram Paul Philidor (17??-1829) e Étienne-Gaspard Robert (1763-1837), mais conhecido como Robertson.

Conforme indica Araújo (2005), entre as novidades criadas, o conceito de diegese ganhou força, pois o dispositivo projetor ficava escondido atrás da tela para não ser visto pelos espectadores. Aperfeiçoamentos óticos deixaram as projeções mais nítidas e deram um ar realista à imagem projetada. As telas tradicionais passaram a dividir espaço com cortinas de fumaça, o que acentuou a sensação de tridimensionalidade. A inserção de rodas sobre trilhos na lanterna interferia no aumento ou na diminuição da imagem, cansando a impressão de que o "espírito" se movia na direção da plateia.

Um fato curioso, verificável na documentação da época, é o fato de haver a clara intenção do uso de efeitos visuais para mostrar ao público que este, justamente, não deveria acreditar demais em histórias fantásticas. Isso porque existia um desejo de combater a excessiva credulidade popular em feiticeiros e profetas. Os exibidores não escondiam do público que tudo aquilo não passava de mera fantasia e de efeitos óticos, o que não evitou especulações ainda maiores com relação à presença do sobrenatural nessas seções (Musser, 1990). Os elementos dramáticos dessas apresentações não deixariam em momento algum de ser utilizados na história da animação.

2.2 Persistência retiniana e dispositivos tecnológicos

Referências ao conceito da **persistência retiniana** podem ser verificadas desde o Egito Antigo. Pensadores como Isaac Newton (1643-1727) e Cavaleiro d'Arcy (1860-1948) investigaram essa questão. Contudo, foi em 1824 que Peter Mark Roget (1779-1869) construiu a definição mais satisfatória sobre o tema, afirmando a possibilidade de decompor qualquer movimento em uma série de imagens estáticas (Barbosa Júnior, 2002).

Essa decomposição remete à capacidade da retina de reter uma imagem qualquer cerca de 1/20 a 1/5 segundo após ela estar fora do campo de visão, ou seja, nessa fração de segundo, uma imagem ainda permanece fixada na retina.

As células receptoras e fotossensíveis que compõem a retina, chamadas *cones* e *bastonetes*, convertem a luminosidade em impulsos bioelétricos que são enviados ao cérebro para se transformarem em imagem. Pensemos, então, nisso: a retina capta um estímulo e continua a enviá-lo ao cérebro por aproximadamente um décimo de segundo. Sendo assim, se um estímulo for substituído em velocidade maior do que esta, a troca rápida tende a se fundir no cérebro, o que provoca uma sensação de movimento contínuo (Barbosa Júnior, 2002).

Antes daquilo que efetivamente se denominaria *cinema* – fruto das exibições, em 1895, do cinematógrafo dos famosos irmãos Lumière –, a tecnologia propiciou a criação de **dispositivos óticos** que representariam grandes passos em direção às técnicas de animação modernas (Oliveira, 2014).

2.2.1 **Taumatrópio**

Criado por John Ayrton Paris (1785-1856), em 1824, o taumatrópio (Figura 2.6) foi um dos primeiros dispositivos a se valer da persistência retiniana.

O mecanismo, de funcionamento bastante elementar, era composto de um disco mediano de duas faces, sendo que, em uma delas, havia uma gaiola desenhada, e, na outra, a figura de um pássaro. Por meio de um elástico, que, quando puxado, fazia o brinquedo girar acima da velocidade de retenção da retina, a impressão visual fundia as imagens, gerando a impressão de que o pássaro estava dentro da gaiola (Oliveira, 2014).

Figura 2.6 – **Taumatrópio e seu efeito visual**

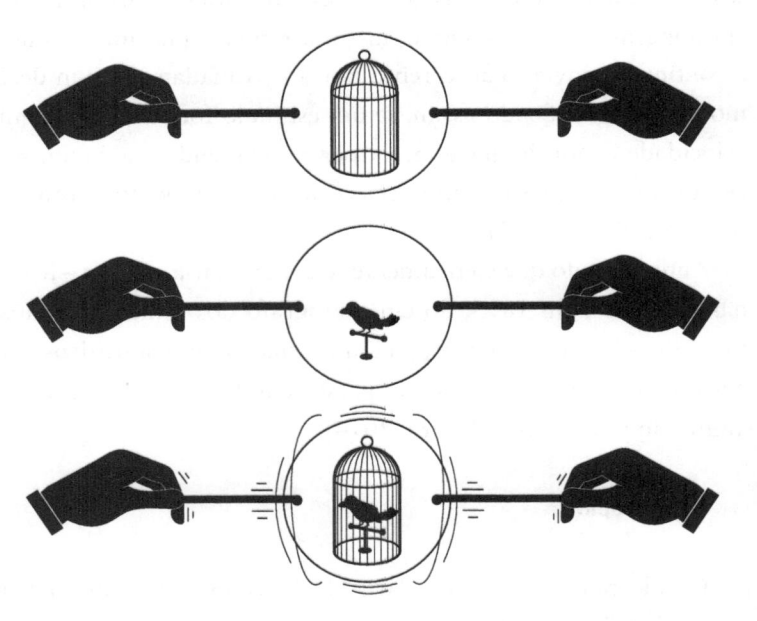

Vasilyev Maxim e phipatbig/Shutterstock

2.2.2 Fenaquistoscópio

O belga Joseph Plateau (1801-1863), inspirado por Peter Mark Roget e Michael Faraday (1791-1867), avançou nos estudos da persistência retiniana. Ele foi o primeiro a realizar medições precisas de tempo relativas à produção de imagens animadas, descobrindo serem necessárias para cada uma, no mínimo, 16 figuras por segundo. Para demonstrar isso, criou aquelas que são consideradas as primeiras cenas de desenho animado da história (Oliveira, 2014).

Dessa forma, surgiu o fenaquistoscópio (Figura 2.7), composto de um disco giratório contendo entre 8 e 16 imagens sequenciais com pequenas diferenças entre si. O disco era preso, pelo centro, com um arame grosso, que o fazia girar rapidamente.

Esse dispositivo representou um avanço em relação ao taumatrópio, pois criava a ilusão do movimento (Barbosa Júnior, 2002). O indivíduo que observava deveria estar diante de um espelho e precisava girar o disco. Logo após, as figuras pareciam adquirir movimento.

Figura 2.7 – **Fenaquistoscópio**

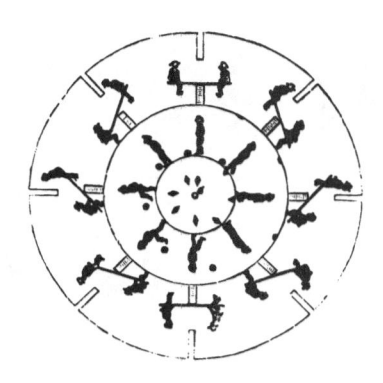

2.2.3 Zootrópio

Em 1834, William George Horner (1786-1837) concebeu o zootrópio (Figura 2.8), que consistia em uma máquina com um tambor composto de fendas, nas quais um espectador qualquer poderia ver desenhos em seu interior. Assim como seus antecessores, o aparato deveria ser girado. As imagens, então, transmitiam a sensação de movimento e várias pessoas poderiam utilizar o aparelho ao mesmo tempo para admirar o fenômeno.

O dispositivo fez sucesso e sua comercialização foi rápida. Junto a ele eram oferecidas coleções de imagens com desenhos diversos, que poderiam ser substituídos na face interior do cilindro. Esse foi mais um passo na área dos brinquedos óticos, que permitiam visualizar um movimento contínuo de imagens e ajudaram a popularizar o gosto do público pela animação (Barbosa Júnior, 2002).

Figura 2.8 – **Zootrópio**

Os dispositivos óticos apresentados caracterizavam-se pelas sequências curtas e pela limitação de exibição. Muitas vezes, os indivíduos revezavam-se para utilizar os aparelhos. Nesse sentido, em 1877, o mundo da animação deu mais um importante passo: o francês Émile Reynaud aperfeiçoou o zootrópio e criou o praxinoscópio (Figura 2.9).

Figura 2.9 – **Praxinoscópio**

Substituindo as ranhuras do zootrópio por um jogo de espelhos, Reynauld proporcionou uma maior iluminação na exibição. Além disso, acrescentou um sistema de lentes, para que as animações fossem projetadas em uma tela, e fez adaptações com tiras de papel perfurado, em um sistema similar ao que, mais tarde, seriam as películas cinematográficas. Assim, o tempo de exibição, até então cíclico e curto, aumentou consideravelmente. Para muitos estudiosos do tema, Reynaud é o verdadeiro pai da animação (Oliveira, 2014).

2.2.4 Cinematógrafo

Na história da animação, é importante evidenciar a capacidade de captação da imagem-movimento, ou seja, a possibilidade da apreensão de imagens em modo dinâmico como simulação da realidade, representando um passo além da fotografia. Isso se tornou possível com a invenção do cinetoscópio de William Dickson (1860-1935) (Porto, 2021), assistente do cientista e inventor americano Thomas Edison (1847-1931). Esse mecanismo contribuiu efetivamente para que se desenvolvesse o que seria chamado de *cinema*.

Em 1892, o francês Léon Bouly (1872–1932), com base no cinetoscópio, desenvolveu o cinematógrafo, um dispositivo capaz de gravar, em quadros por segundo, e projetar, em uma tela, a luz das imagens-movimento.

Figura 2.10 – **Cinematógrafo patenteado pelos irmãos Lumière**

A incapacidade financeira de Bouly impediu-o de registrar a patente do invento, o que acabou sendo feito pelos irmãos Auguste Lumière (1852-1964) e Louis Lumière (1864-1948). Os dois começaram, a partir de 1895, a confeccionar produções cinematográficas de curta duração, que foram exibidas em sessões especiais (Porto, 2021).

A primeira exibição dos irmãos Lumière ocorreu em 22 de março de 1895. O filme chamava-se *La Sortie de l'usine Lumière à Lyon* (*A saída da fábrica Lumière em Lyon*) e retratava apenas a saída de funcionários do interior da empresa Lumière, em Lyon, na França (Morin, 2014). Atualmente isso pode soar muito sem graça, mas causou grande impacto na época.

Com o tempo, os irmãos Lumière foram além de apenas relatar imagens do cotidiano e incluíram, em seus registros, atos teatrais e preocupações com a direção. O cinematógrafo, então, passou a registrar cenas dramáticas. Isso é reforçado pelo pesquisador Edgar Morin (2014, p. 69-70) em sua obra *O Cinema, ou o homem imaginário*:

> Mas, por sua própria natureza, e desde o seu aparecimento, o cinematógrafo era essencialmente espetáculo: ele exibia suas cenas a espectadores, para espectadores, e implicava assim a teatralidade que ele desenvolveria em seguida através da direção, da *mise-en-scène*. De resto, os primeiros filmes do cinetoscópio já apresentavam lutas de boxe, atrações de *music-hall* e pequenas cenas. O próprio cinematógrafo, desde seu primeiro dia, já mostrava o homem que regava as plantas sendo regado pela mangueira. A "espetacularidade cênica" aparece assim ao mesmo tempo que o cinematógrafo.

O cinema consolidou-se como arte nas três primeiras décadas do século XX. A ação de realizadores provenientes do teatro, da mágica, do ilusionismo, da cenografia e demais áreas de efeitos visuais e cênicos possibilitou uma maior riqueza de recursos narrativos.

Nesse contexto, destaca-se Georges Meliès (1920-1996), responsável por diversos filmes. Sua obra mais célebre, *Viagem à Lua*, de 1902, trouxe ao público efeitos visuais arrebatadores para sua época. Além disso, outras figuras importantes para a afirmação do cinema foram D. W. Griffith (1875-1945), nos Estados Unidos, os integrantes do movimento conhecido como *expressionismo alemão*, na Alemanha, os surrealistas espanhóis e os diretores de cinema soviéticos, sobretudo Dziga Vertov (1896-1954) e Sergei Eisenstein (1898-1948).

2.3 Primeiras obras e realizadores da história da animação

Não há certeza sobre qual tenha sido a primeira obra de animação. De tempos em tempos, novos registros são encontrados e modificam um pouco essa linha temporal. No entanto, vamos enumerar, nesta seção, algumas obras que marcaram o tempo e o desenvolvimento das animações.

Iniciamos com Pauvre Pierrot (1892), de **Charles-Émile Reynaud**, um curta de 500 imagens que foram todas pintadas uma a uma, com duração aproximada de 15 minutos. Trata-se da clássica história do triângulo amoroso entre o palhaço Pierrot, a colombina e o arlequim. Desse registro não existem mais cópias, pois Reynaud jogou os originais no Rio Sena. O que há hoje são apenas reconstituições.

Em 1900, J. Stuart Blackton produziu *O desenho encantado*, um precursor da técnica de animação que, no presente, chamamos de *live action*. Nesse registro, podemos observar uma pessoa interagindo com um desenho (Soares, 2018).

George Meliès, além de um dos pioneiros do cinema, é considerado um dos precursores das artes de animação em geral. Para alguns estudiosos, foi o criador do *stop motion*, técnica de filmagem quadro a quadro notabilizada por dar movimento a objetos inanimados.

O envolvimento de Méliès com o cinema nasce de seu contato com os irmãos Lumière, em uma apresentação do cinematógrafo para apenas 30 pessoas, em Paris, em 1895. Além de *Viagem à Lua*, mencionado na seção anterior, Méliès realizou vários outros filmes – ao todo, foram cerca de 500 – e abriu o primeiro estúdio da história, o Teatro Robert-Houdin. Contudo, após a Primeira Guerra Mundial, sua obra caiu no esquecimento e só foi resgatada muito tempo depois.

Figura 2.11 – **Fotograma de *Viagem à Lua* (1902), de George Meliés**

Em 1905, Segundo de Chomón concebeu a obra *El Hotel Electrico*, em que empregou a técnica do *stop motion*, dando movimentos a objetos (Barbosa Júnior, 2014). No ano seguinte, utilizando fotogramas, a animação *Humorous Phases of Funny Faces* também contribuiu para a popularização da animação, que, cada vez mais, caía no gosto das pessoas.

Outra obra que contribuiu expressivamente para a história da animação foi *Fantasmagorie*, de Émile Cohl. Composto de 700 desenhos, com aproximadamente dois minutos de duração, demorou cinco meses para ser finalizado, sendo lançado em 17 de agosto de 1908 (Oliveira, 2014). Para diversos estudiosos, trata-se da primeira obra que pode de fato ser qualificada como *filme de animação*, considerando-se o sentido completo do termo.

Em 1911, foi produzida a adaptação animada de *Little Nemo*, uma tira de jornal muito popular na época nos EUA, desenvolvida por Winsor Maccay. Em 1914, o autor fez, ainda, o sucesso *Gertie, o Dinossauro*. A essa altura, crescia o número de experimentos de animação em diversos países. O cientista russo Ladislas Starewicz criou, em 1912, o primeiro *stop motion* com o uso de bonecos. As folhas de acetato criadas por Earl Hurd, em 1915, tornaram-se vitais no desenvolvimento de superfícies para desenhos animados.

Em 1917, surgiu o primeiro longa-metragem de animação, a sátira política *El Apóstol*, do argentino Quirino Cristiani. A viabilidade de filmes mais longos de animação logo abriu caminho àquela que talvez tenha sido a primeira série de animação: *Gato Félix*, de 1919, cujo protótipo fez sua estreia em um curta de animação dos estúdios Paramount Pictures (Feline..., 1919).

2.3.1 **Estúdios Disney**

Se os irmãos Lumière e George Meilès isoladamente constituem capítulos à parte na história da animação, Walt Disney (1901-1966), indubitavelmente, também merece destaque especial. Sua contribuição para o desenvolvimento da animação em padrões artísticos, tecnológicos e narrativos é de enorme envergadura.

Os Estúdios Disney estabeleceram, com suas animações, um padrão de produção e excelência que influenciou toda a produção contemporânea de animação em 2D e em 3D. Nesse sentido, várias das peças de animação de seu acervo não apenas fizeram enorme sucesso, mas também mudaram a história da animação e instituíram novos paradigmas na área.

A seguir, apresentamos mais detidamente alguns dos principais títulos do estúdio.

O vapor Willie (1928)

Em 18 de novembro de 1928, um simpático ratinho, que se tornaria o grande símbolo dos Estúdios Disney, surgiu na tela ao comando de um barco a vapor. O curta-metragem animado O vapor Willie (Figura 2.12) apresentou Mickey Mouse ao mundo e foi um grande sucesso.

Esse foi o primeiro curta de animação a sincronizar sons e movimentos. Embora recursos sonoros já fossem utilizados pelas animações da época, a Disney inseriu a sincronia como uma grande novidade.

Figura 2.12 – *O vapor Willie* (1928)

Flores e árvores (1932)

Em 1932, a série *Silly Symphonies* lançou *Flores e árvores* (Figura 2.13), o primeiro desenho colorido de curta duração e um enorme sucesso de crítica e público. Venceu o Oscar de curta-metragem de animação do mesmo ano.

O uso do Technicolor conferiu cores ao cinema e uma nova perspectiva ao desenho animado, abrindo caminho para uma série de sucessos posteriores.

Figura 2.13 – **Flores e árvores (1932)**

Branca de Neve e os sete anões (1937)

Em 1937, o enorme sucesso de *Branca de Neve e os sete anões* (Figura 2.14) foi um verdadeiro marco na história da animação gráfica, bem como na história do cinema em geral. O filme obteve enorme bilheteria e foi o primeiro longa-metragem de animação produzido em cores. Além disso, recebeu o título de maior filme de animação americano de todos os tempos pelo Instituto de Cinema Americano (American Film Institute).

O longa foi produzido com a técnica de rotoscopia, na qual as cenas são filmadas com atores reais e, posteriormente, desenhistas criam por cima delas.

Em 1939, Walt Disney foi premiado com um Oscar honorário pelo filme, que consistia na estatueta tradicional acompanhada de sete estatuetas menores, simbolizando os personagens do filme.

Figura 2.14 – *Branca de Neve e os sete anões* (1937)

Uma cilada para Roger Rabbit (1988)

Uma cilada para Roger Rabbit, de 1988, teve produção executiva de Steven Spielberg e foi uma coprodução da Disney e outros estúdios (Touchstone Pictures, Amblin Entertainment e Silver Screen Partners). Esse trabalho se notabilizou por ser o primeiro longa-metragem que combinou técnicas de live action e animação.

Com um orçamento vultoso para a época, que, ao final de sua produção, chegou a 50 milhões de dólares, o filme venceu o Oscar em três categorias: efeitos visuais, efeitos sonoros e edição. Além disso, o filme recebeu um Oscar por contribuição especial pelo trabalho de Richard Williams, seu diretor de animação.

Figura 2.15 – **Uma Cilada para Roger Rabbit (1988) mistura *live action* com animação**

Provavelmente, você está sentindo falta de outras obras, como *Toy Story* (1995). Outros títulos serão abordados no próximo capítulo, dedicado à animação baseada em computação gráfica.

Nosso passeio inicial pela história da animação fornece uma amostra de sua riqueza e vastidão. Assim como diversas artes, o cinema de animação é um retrato de sua época. Ainda poderíamos citar muitas outras obras, porém nos detivemos naquelas que definiram caminhos e firmaram paradigmas.

Não existe consenso sobre o surgimento da animação, pois, em círculos de pesquisa, esse é um assunto polêmico. Técnicas, dispositivos e narrativas foram desenvolvidos, por vezes, de maneira muito próxima. O importante para nossa trajetória é a inspiração trazida por esses grandes gênios e pioneiros. Em suma, é possível afirmar que o desenvolvimento da animação foi um ato coletivo, que pavimentou a estrada pela qual os animadores modernos transitam.

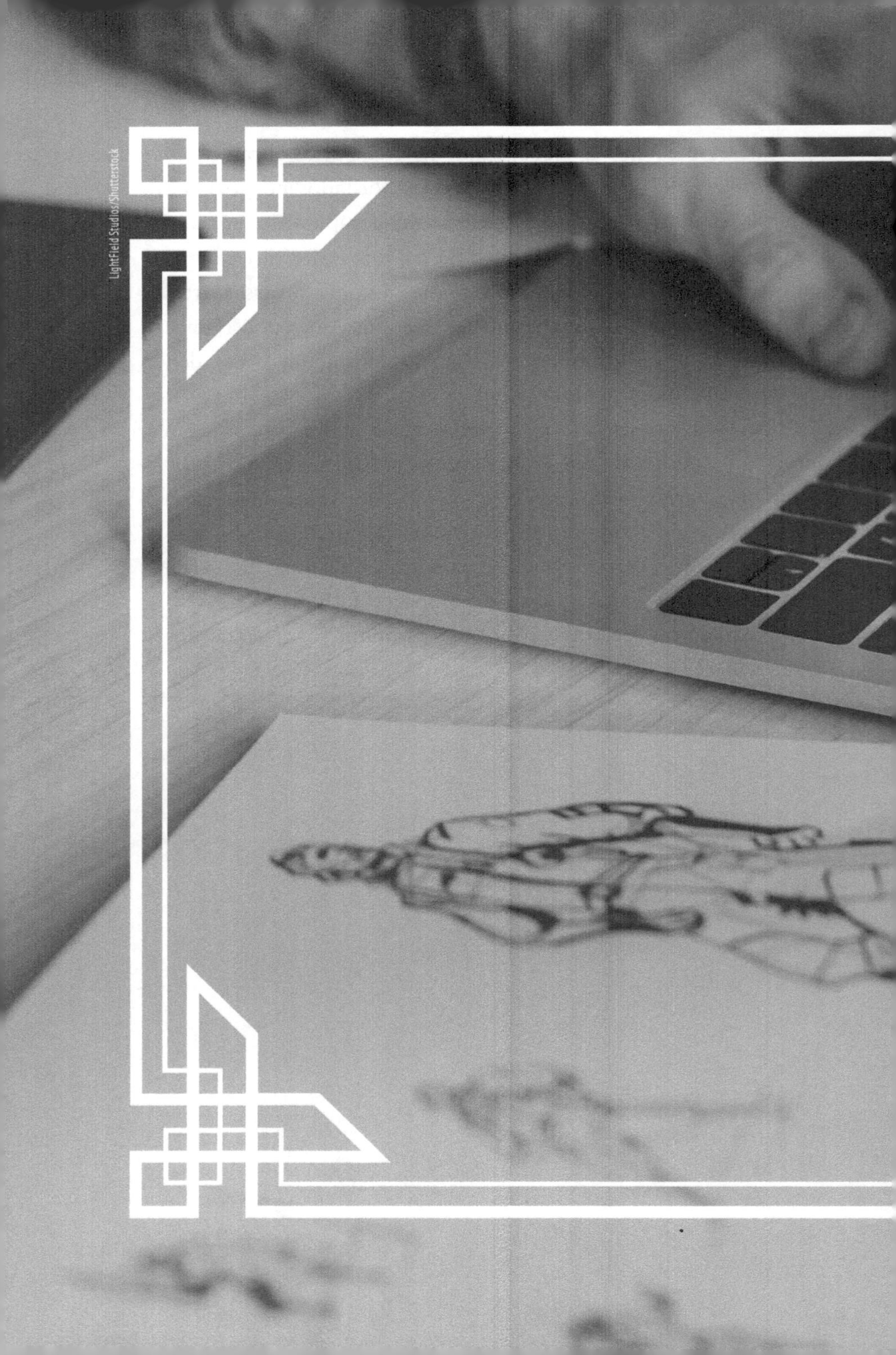

LightField Studios/Shutterstock

CAPÍTULO 3

HISTÓRIA DA COMPUTAÇÃO GRÁFICA E DA ANIMAÇÃO DIGITAL

No capítulo anterior, apresentamos a primeira parte da história da animação. Nele, pudemos constatar que a humanidade tem buscado representar graficamente o movimento desde a Pré-História. Além disso, tratamos dos precursores e dos inventos que revolucionaram a área. Nesse sentido, experiências e descobertas narrativas, pouco a pouco, moldaram essa encantadora expressão artística e técnica.

Todavia, esse panorama não estava completo, pois a animação alimenta-se de seu tempo, isto é, da tecnologia disponível e do espírito de sua época. Neste capítulo, essa jornada continua, seguindo os caminhos da animação digital computadorizada na contemporaneidade, técnica muito presente em nossas vidas.

A **computação gráfica** (**CG**) consiste em um amplo campo da ciência da computação, o qual se encarrega de estudos de produção, manipulação e interpretação de imagens geradas por meio de dados binários.

De maneira simplificada, o termo *computação gráfica* refere-se a um processo de produção de imagens, as quais, por sua vez, são um aglomerado de elementos gráficos. A nossos olhos, estes representam objetos que ocupam espaços, realizam movimentos e contêm aparência, cores e iluminação. Embora, em seus primórdios, as possibilidades da CG estivessem a serviço das pesquisas espaciais e militares, atualmente, os recursos difundiram-se para a vida comum. Desse modo, instalaram-se em diversas interfaces, do entretenimento até a pesquisa acadêmica.

3.1 Computação gráfica

As histórias da animação digital e do motion graphics estão intimamente ligadas ao desenvolvimento da CG, que, desde seu início, evidenciou seu potencial e suas possibilidades para a produção de imagens em movimento. Por meio de impressões visuais na tela de um dispositivo qualquer, uma animação pode ser reproduzida, em essência, com as mesmas técnicas utilizadas e estudadas anteriormente. Então, é razoável afirmar que, tecnologicamente, a animação de caráter computacional é um aprimoramento de seus antecessores, como o *stop motion* (Hilty; Pardo, 2013).

A computação está alicerçada em cálculos matemáticos e interpretações visuais de funções numéricas. Nesse sentido, listamos a seguir algumas figuras importantes para o desenvolvimento dessa área:

- Euclides (ca. 323 a.C.-283 a.C), no século III a. C., com sua formulação inicial da geometria.
- No século XVII, René Descartes (1596-1650), famoso matemático e filósofo, responsável pela geometria analítica e pelo desenvolvimento das coordenadas cartesianas para sistemas 2D e 3D.
- No século XIX, James Joseph Sylvester (1814-1897), matemático que desenvolveu o sistema de matrizes e a consequente notação matricial, a qual se sagrou uma das ferramentas mais usuais da CG. Sua teoria proporcionou o desenvolvimento da tecnologia do tubo de raios catódicos, que deu origem às telas de computadores e televisores.

Podemos, ainda, citar o Electronic Numerical Integrator and Computer (Eniac – computador integrador numérico eletrônico), o primeiro computador digital eletrônico construído para operar em escala (Lucena, 2014). Considerado um marco na história da computação, foi o primeiro computador digital eletrônico de uso geral. Como muitas outras tecnologias, foi desenvolvido durante a Segunda Guerra Mundial. No entanto, tornou-se, de fato, operacional, após o final do conflito, em fevereiro de 1946, devido ao esforço dos cientistas estadunidenses John Eckert (1919-1995) e John Mauchly (1907-1980). O equipamento pesava cerca de 30 toneladas e, fisicamente, ocupava uma sala de 10 m × 15 m (Figura 3.1). O Eniac entrou em obsolescência dez anos depois de iniciar suas operações (Hilty; Pardo, 2013).

Figura 3.1 – **Electronic Numerical Integrator and Computer (Eniac)**

Os enormes computadores da década de 1950 ocupavam muito espaço e estavam restritos ao uso de grandes empresas e institutos militares de pesquisa. A partir dos anos 1960, processos, ainda tímidos, de redução de peças impulsionaram a construção de microcomputadores, que se tornariam, principalmente na década de 1980, mais baratos e mais populares, acelerando a entrada da CG na vida do cidadão comum (Lucena, 2014).

Essas experimentações e descobertas descortinaram possibilidades. Assim, cunhou-se o termo *computer generated imagery, ou imagens geradas por computador,* sintetizado, comumente, pela sigla CGI, que se refere às tecnologias envolvidas na produção de gráficos computadorizados. Antes de a CG se articular com a animação gráfica, cuja história inicial abordamos no capítulo anterior, seu desenvolvimento foi atravessado pela Segunda Guerra Mundial. Nesse contexto, o planeta presenciou um forte incremento no aperfeiçoamento de dados, que foram utilizados pelos Aliados na vitória do conflito. Imagens abstratas, que representavam esses dados, eram geradas nesse esforço de guerra. Essas imagens foram de suma importância para a posterior evolução das artes gráficas computadorizadas.

Entre as décadas de 1950 e 1960, **Herbert W. Franke (1927-)** iniciou a criação de gráficos computadorizados. Nesse mesmo período, o matemático **Ben Frances Laposky (1914-2000)**desenvolveu seus *oscillons*, representações visuais de vibrações elétricas obtidas por um osciloscópio que, interagindo com captação fotográfica, registrava-as como imagens.

Essas representações tornaram-se um verdadeiro fenômeno e, nos primeiros anos da década de 1970, Franke publicou seus trabalhos como artes gráficas computadorizadas. Isso lhe rendeu o *status* de artista da computação e das artes gráficas. De toda forma, os trabalhos de Franke e Laposky, sejam artísticos, sejam científicos, iniciaram aquilo que chamamos, na contemporaneidade, de *gráficos computadorizados*. Eles estão entre os primeiros registros do que viria a ser a estética das artes gráficas.

Após a Segunda Guerra Mundial, os investimentos em tecnologias que buscavam representar graficamente dados aumentaram bastante. Isso porque o término do conflito não representou o fim das hostilidades militares, que impulsionaram o desenvolvimento de implementos visuais de tecnologia.

Dessa maneira, a cibernética militar seguiu forte, pois a polarização mundial entre Estados Unidos e União Soviética incrementou ainda mais essa técnica, principalmente por conta da corrida espacial. Nesse sentido, gráficos que simulavam visualmente fórmulas matemáticas de trajetórias de foguetes, cálculos orbitais e ecossistemas moldaram o campo da CG (Soares, 2017).

Quem primeiro utilizou o termo *computação gráfica* da forma como conhecemos hoje foi o Dr. Ivan Sutherland (1938-), ainda no início da década de 1960, em sua tese de doutorado defendida no Massachusetts Institute of Technology (MIT). Na ocasião, Sutherland programou gráficos vetoriais que, por sua vez, deram origem aos sistemas de desenho assistido por computador (CAD, sigla para o termo em inglês Computer Aided Design), muito utilizados para a criação de plantas esquemáticas diversas. A evolução dessas técnicas continuou na década de 1970, com o desenvolvimento de tecnologias baseadas em algoritmos, as quais são válidas até hoje.

Todavia, permanecia uma questão a ser resolvida: os recursos de *hardware* eram altamente custosos (nos anos 1960 iniciou-se um tímido barateamento) e isso era um entrave para que essa tecnologia se tornasse mais popular, pois o mercado não encontrava viabilidade de sua comercialização em massa (Hilty; Pardo, 2013).

Na década de 1980, o quadro começou a modificar-se. Nesse sentido, os circuitos integrados representaram um grande salto tecnológico para a CG e, com eles, vieram os primeiros computadores pessoais, cujo custo era mais acessível. Entre esses, os mais notórios foram o IBM-PC e o Macintosh da Apple.

Também em meados da década de 1980, um recém-desenvolvido dispositivo gráfico de varredura (*raster graphic display*) constituiu uma tecnologia que popularizou os gráficos nas interfaces dos computadores pessoais. Dessa forma, abriram-se as portas para o desenvolvimento de diversos aplicativos de custo acessível e de fácil utilização. Destacam-se, aqui, os processadores de textos e planilhas eletrônicas, cujas interfaces gráficas se tornaram muito mais amigáveis ao usuário, pois passaram a possibilitar o uso de janelas de processamento, que podiam ser posicionadas na tela simultaneamente. Nessas janelas, funções das mais diversas eram executadas. Esse padrão é utilizado até hoje.

Com o contínuo desenvolvimento da tecnologia *raster* e o nascimento e o aprimoramento das placas de aceleração gráfica, na década de 1990, a geração de imagens de CG ganhou força. Isso porque passaram a apresentar alto grau de realismo, visto que eram processadas em tempo real, o que impulsionou fortemente a criação de novas tecnologias, principalmente nas áreas de jogos e efeitos especiais.

3.2 Computação gráfica e animação encontram-se na indústria do entretenimento

Entre as décadas de 1940 e 1980, houve um enorme salto na tecnologia gráfica computadorizada. Isso levaram, para as telas do cinema, gráficos que ilustraram obras como *Guerra nas estrelas: uma nova esperança* (1977), *Tron* (1982), *O Segredo do abismo* (1989) e *Mercenários das galáxias* (1980). Já entre os anos 1980 e 1990, ocorreu um desenvolvimento ainda maior no domínio da CG voltada ao cinema. Nesse período, obras como *Indiana Jones* (1981), *Jurassic Park* (1993), *O Exterminador do futuro* (1984), *Toy Story* (1995) e o revolucionário *Matrix* (1999) elevaram a CG a um novo nível. Esse desenvolvimento ocorreu não apenas no cinema, mas também em desenhos animados, *videogames* e diversos outros recursos que passaram a integrar o cotidiano das pessoas.

No caso dos *videogames*, ferramentas de captura de movimento foram muito importantes. Além disso, criaram-se ferramentas para ambientes tridimensionais, animações de personagens, interfaces com o usuário, construções de avatares, entre outras. Todas essas implementações tornaram os *videogames* mais dinâmicos e fluidos e, por meio deles e do cinema, as artes digitais animadas espalharam-se para diversas outras áreas do mercado e da cultura (Hilty; Pardo, 2013).

John Whitney Sr. (1917-1995) é um pioneiro no uso de computadores como ferramentas na produção de animações. Ao criar seu primeiro trabalho, *Catalog,* uma coletânea de animações de caráter abstrato e tipográfico, em 1961, Whitney utilizou um computador para auxiliar na criação dos movimentos. Essa iniciativa chamou muita atenção para as possibilidades artísticas e criativas do uso dessa tecnologia (Barbosa Júnior, 2002).

Essas possibilidades foram exploradas pelo cinema e pelos desenhos animados. Especialmente no cinema, essa tecnologia começou a ser aplicada para a produção de efeitos visuais, que se tornavam cada vez mais convincentes. Nesse sentido, em 1968, estreou *2001: Uma odisseia no espaço*, filme de Stanley Kubrick, um dos primeiros a explorar essa técnica (Figura 3.2). O cineasta obteve um padrão visual que retratava um futuro visualmente muito realista para a época, graças ao avanço das tecnologias de CG. Contando com diversos recursos de efeitos visuais, o filme marcou época e tornou-se um dos grandes clássicos da história do cinema (Hilty; Pardo, 2013).

Figura 3.2 – **2001: Uma odisseia no espaço (1968), um marco do uso da CG no cinema**

3.2.1 **Primeiras experiências de imagens geradas
por computador na história do cinema**

As CGIs apareceram, no cinema, ainda de forma bastante primitiva, pela primeira vez em *Westworld: onde ninguém tem alma*, de 1973. John Whitney Jr. (1946-), filho de John Whitney Sr., trabalhou no filme para dar vida a um efeito visual que mostrava ao espectador a visão infravermelha de um robô caubói, que enxergava o mundo de forma "pixelizada".

As possibilidades da CG causaram um grande entusiasmo, que pode ser comparado à invenção do cinematógrafo. Nesse sentido, criadores diversos desejaram explorar esse novo campo que muito prometia.

Na esteira disso, surgiu a empresa Industrial Light & Magic (ILM), que se transformaria em uma das grandes referências nesse segmento do mercado. Alguns anos depois, em 1977, George Lucas (1944-) produziu *Guerra nas estrelas: uma nova esperança*, que apresentava cenas com animação digital e se tornaria uma das pedras de toque da revolução causada pelos efeitos visuais no cinema.

3.2.2 **Os *videogames* e sua contribuição para o desenvolvimento
da animação digital**

Paralelamente ao desenvolvimento das artes visuais baseadas em técnicas computadorizadas, a década de 1970 testemunhou o nascimento oficial da indústria dos *videogames* junto ao uso contínuo das CGIs no cinema. O surgimento dos jogos eletrônicos levou para as casas dos cidadãos a tecnologia da animação gráfica como entretenimento.

Nesse sentido, as formas eram ainda rudimentares, mas já marcavam uma tendência que se consolidaria em um mercado que, nos dias de hoje, movimenta somas maiores do que as do próprio cinema. O primeiro *videogame* lucrativo da história foi o clássico *Pong*, criado pela Atari em 1972 (Figura 3.3). Embora se tratasse de um jogo simples, que lembrava o pingue-pongue, foi por sua causa que o mercado percebeu o potencial de receita dessa tecnologia. Isso levou ao desenvolvimento de novos jogos, o que contribuiu para o aprimoramento das animações digitais que avançaram para os mais diversos setores da economia (Barbosa Júnior, 2002).

Figura 3.3 – *Pong* **(1972), o primeiro *videogame* lucrativo**

Durante os anos 1980, essa indústria manteve sua evolução em termos tanto de *hardware* quanto de *software*. Isso propiciou uma extensa oferta de títulos que investiam em melhorias gráficas, aprimoravam recursos de animação e melhoravam a interface e a jogabilidade. Os *videogames* constituíram-se em um enorme recurso de interatividade, e muitas das melhorias emanaram de demandas de jogadores. Essa interação com o público foi vital no desenvolvimento de imagens e animações geradas por computador.

As empresas que mais se destacaram nesse período foram a Atari e a Nintendo. No caso da primeira, seu grande mérito foi a produção de jogos baseados em imagens vetoriais, isto é, imagens de natureza digital concebidas por meio de pontos e traços. O que as difere de outros formatos baseados em *pixels* é a possibilidade de editá-las e redimensioná-las diversas vezes, sem acarretar uma perda da qualidade de imagem. Isso abriu caminho para a construção de jogos muito diversos e que utilizavam animações suaves em sua gama de movimentos.

Por sua vez, a Nintendo entrou forte no mercado com sua série de videogames portáteis, conhecidos como *Game & Watch*, que podem ser considerados os antecessores do *Game Boy*. Nesse caso, o dispositivo continha uma tela de cristal líquido, alimentada por circuitos similares aos dos relógios digitais. Essa série e seu pioneirismo nos jogos portáteis garantiu à Nintendo grande participação no mercado.

No cenário do desenvolvimento da animação digital, destaque deve ser conferido aos jogos criados para os *laser discs* – discos óticos de grande capacidade de armazenamento, chamados popularmente de *CDs*. O primeiro jogo nessa linha foi *Dragon's Lair*.

Lançado em 1982, este se sobressaiu por mostrar ao público sequências animadas em vídeo renderizadas digitalmente. Talvez esse jogo tenha sido o primeiro a apresentar as chamadas *cutscenes*, isto é, curtos períodos narrativos, que podem introduzir a atmosfera do jogo ou, ainda, encerrar a trama, como em filmes. Além dessa novidade narrativa, *Dragon's Lair* notabilizou-se ao mostrar sequências de animação de estilo cinematográfico e design diferenciado, altamente interativo para a época. Depois desse título, iniciou-se a era que aproximou estruturas narrativas comuns a *videogames* e filmes, muito comum nos dias de hoje.

Figura 3.4 – ***Dragon's Lair* (1982)**

A aproximação entre *videogames* e filmes foi vital para o desenvolvimento da animação digital. Nos anos 1980, a indústria cinematográfica ainda enfrentava dificuldades por causa dos custos elevados para a produção de animações de alta qualidade, mas, nem por isso, deixou de usar esse recurso. Ao contrário, aprimorou-o a ponto de consolidar a união das linguagens da computação com as técnicas cinematográficas.

Com a evolução das ferramentas de CGI, o cinema, aos poucos, criou uma estética muito particular, na qual atores, em interpretações reais, interagiam com personagens totalmente digitalizados. A ideia era compor personagens virtuais com alto impacto fotorrealístico e, com isso, mergulhar o espectador nas narrativas (Barbosa Júnior, 2002). A ILM, no filme *O Enigma da pirâmide*, de 1985, deu vida ao primeiro personagem digital construído em três dimensões: um cavaleiro saltava de um vitral e interagia com um ator real em uma cena, o que, na época, foi muito convincente.

Se *O Enigma da pirâmide* apresentou o primeiro personagem digital, anos antes, em 1982, o revolucionário *Tron* (Figura 3.5) entrou na história da animação gráfica digital por sua extrema inovação. Isso porque, até hoje, seu estilo visual é único. Além disso, conseguiu o feito de mesclar coerentemente planos, enquadramentos e toda a composição fílmica típica de um filme de ação com técnicas, à época, muito sofisticadas de animação computadorizada.

O processo de montagem de *Tron* baseou-se em uma técnica de animação tradicional: quadro a quadro. Contudo, juntamente, foram empregados diversos efeitos especiais e novas animações digitais dentro da animação de base. Para isso, a Disney uniu esforços com outras produtoras, obtendo um resultado até então nunca visto.

O filme narra a odisseia de um criador de jogos de *videogame* que é transportado para um mundo cibernético no interior de um programa criado por ele. Dessa maneira, deve, então, enfrentar o próprio processador da máquina. Essa temática da luta entre homens e máquinas é muito explorada pela indústria de filmes. *Tron* ganhou uma continuação quase 30 anos depois: *Tron, o legado*, de 2010 (Barbosa Júnior, 2002).

Todavia, apesar de sua linguagem visual revolucionária, o filme foi um fracasso de bilheteria, pois suas boas premissas não foram narradas de maneira a cativar o grande público. Isso deixou uma valiosa lição para o futuro das animações digitais: efeitos impressionantes devem ser acompanhados de boas narrativas.

Figura 3.5 – **O revolucionário *Tron* (1982)**

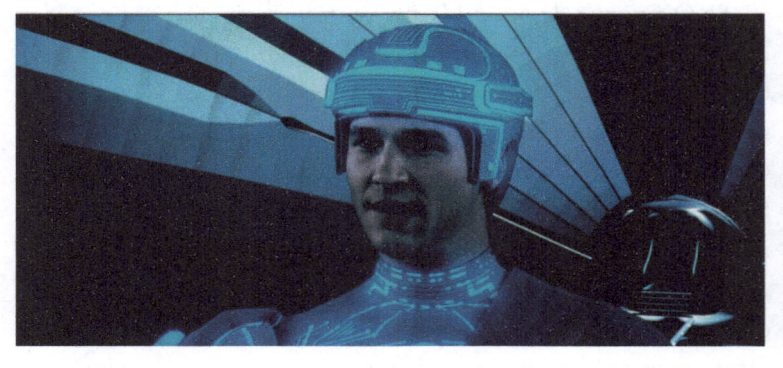

3.3 John Lasseter e Pixar: integração de linguagens

Como assinalamos, os *videogames* e o cinema utilizaram muitos elementos e técnicas da CG e da animação digital para seu crescimento. Nesse sentido, o cinema aprimorou e deu novas nuances a essas linguagens, integrando-se magistralmente com elas – não sem, antes, cometer alguns erros e equívocos. A figura do animador, então, ganhou cada vez mais importância nesse mercado e o gosto popular por trabalhos do gênero, ainda hoje, segue crescendo.

Se os Estúdios Disney foram revolucionários na área, outros nomes também estão imortalizados na história da animação gráfica digital, como o animador John Lasseter e o estúdio Pixar, os quais inscreveram muitas inovações nesse campo.

John Lasseter iniciou sua jornada como animador nos Estúdios Disney. Em seguida, assumiu um posto no departamento digital da Lucasfilm, mais especificamente na ILM, que compunha seu setor de computação gráfica e efeitos visuais. Foi lá que Lasseter desenvolveu um sistema de animação denominado Pixar Image Computer.

Seu primeiro projeto, *The Adventures of André & Wally B.*, de 1984, teve como principal inovação a proposição de um visual cartunesco em vez de robótico, que era mais comum até então. O personagem André, por exemplo, teve seu design inspirado no Mickey Mouse. A obra tinha curta duração, menos do que dois minutos, e a narrativa era despretensiosa. Na verdade, a intenção primeira era promover experimentações com as tecnologias gráficas computacionais desenvolvidas pela Lucasfilm. O resultado foi considerado satisfatório, pois a animação era mais natural, sem a típica mecanicidade das animações da época. Além disso, os personagens eram mais expressivos e apresentavam mais dramaticidade.

Esse curta-metragem mostrou a Lasseter que a computação gráfica poderia ir além em diversos aspectos. Por exemplo, estudos cênicos passaram a ser mais utilizados em novas experimentações. Isso aumentou a fluidez das animações e inseriu elementos que aproximavam as expressões dos personagens das feições humanas. Enquanto Lasseter ajudava a animação em 3D a se emancipar e a desenvolver uma linguagem própria, a introdução de técnicas tradicionais foi exaltada como forma de humanizar, ainda mais, o resultado final. Nesse meio tempo, o sistema de animação Pixar Image Computer passou a chamar-se apenas Pixar. Em 1986, o setor de animação digital atrelado à Lucasfilm transformou-se em uma empresa autônoma.

No mesmo ano, Steve Jobs, diretor-geral da Apple, financiou a empresa, transformando-se no sócio majoritário da Pixar, que, na contemporaneidade, é a empresa mais importante do segmento. Nesse cenário, animações digitais orgânicas foram enfatizadas, por meio de mudanças no padrão de formas geométricas animadas com movimentos muito mecânicos.

O curta-metragem *Luxo Jr.* (Figura 3.6), produzido em 1986, foi mais um importante passo nas experimentações com animação digital e impressionou o mercado e o público, pois aprimorou muito a movimentação orgânica dos personagens. Isso inseriu nas produções a dramaticidade típica das técnicas tradicionais de animação, que, cada vez mais, se mesclavam ao digital. As duas lâmpadas representadas no curta mostram com clareza a relação entre um pai contido e zeloso e um filho agitado e inconsequente. Esse fator lúdico e emocional causou forte impacto na época, o que colocou John Lasseter e a Pixar no mesmo patamar de

Walt Disney, no atinente à produção de animações expressivas e humanizadas. O sucesso do filme foi tão grande que inspirou o conhecido logotipo da Pixar.

Figura 3.6 – *Luxo Jr.* (1986)

É claro que a Pixar e John Lasseter não ficariam parados. Nesse sentido, logo se dedicaram a outra produção. Assim, *Tin Toy,* de 1988, continuou a investir na fluidez do movimento, mas apresentava um personagem humano totalmente animado no digital, com movimentos e expressões muito realistas. O trabalho acabou recebendo o Oscar de melhor curta-metragem de animação.

3.4 A década de 1990 e o amadurecimento da animação digital

A década de 1990 foi muito fértil para a consolidação do mercado da animação digital, com diversas iniciativas que uniram técnicas de animação em vários canais, caindo no gosto do público. Nesse período, cinema e televisão equipavam-se para a era digital a passos largos, e a aceitação popular aos efeitos de animação era enorme. Nesse sentido, as fitas analógicas foram deixando o mercado e dando espaço a mídias digitais, as câmeras com filmes antigos de 24 ou 36 poses foram paulatinamente substituídas pela fotografia digital e o próprio processo de filmagem acompanhava essa mudança. A tecnologia digital, mais do que uma ferramenta, passava a ser uma exigência mercadológica.

O desenvolvimento das técnicas de CGI mostrou-se uma excelente alternativa para os cineastas moldarem em vídeo o que imaginavam para seus filmes, tal que se tornou componente determinante da narrativa fílmica. Isso fez com que estúdios investissem altas somas em tecnologia computacional de criação gráfica. Com esse fortalecimento da união entre cinema e CG, uma nova cultura se impôs na indústria cinematográfica.

Nesse sentido, as bilheterias confirmavam a tendência. Em 1991, por exemplo, o filme O *Exterminador do futuro 2: o julgamento final*, que estreou nos cinemas um ano antes, recebeu o Oscar de melhores efeitos visuais. Isso deixou claro o lugar privilegiado que a CGI ocupava e ainda ocupa na indústria cinematográfica e do entretenimento em geral.

Além disso, seu uso se estendeu para as animações em 2D. Nesse sentido, o filme da Disney *A Bela e a Fera*, também de

1991, empregou essa tecnologia na famosa sequência da dança dos protagonistas no grande salão do castelo. Essa mesclagem de técnicas contou com os personagens desenhados manualmente, mas interagindo em um cenário animado pela computação digital.

Em 1999, foi lançado *Matrix* (Figura 3.7), longa que arrebatou multidões, transformou-se em referência e, mais do que uma obra cinematográfica, passou a ser um ícone da cultura *pop*, considerado um divisor de águas no uso das CGIs e dos efeitos visuais.

Realizada durante o período em que a animação digital atingia sua maturidade, a obra das irmãs Wachowski foi primorosa na construção de imagens computadorizadas, perfeitamente integradas à narrativa fílmica. Mais do que isso, mesclou com maestria o mundo computadorizado da "Matrix" e sua simulação do real, tornando impossível distinguir o que era realidade e o que era simulado. A força desse filme foi tão grande que a cultura *pop* chegou ao ponto de alimentar teorias sobre a veracidade da Matrix.

Figura 3.7 – ***Matrix* (1999)**

Seguindo essa linha de integração, outro filme que pode ser ignorado é *Star Wars: episódio I – a ameaça fantasma*, também de 1999. No retorno a sua grande franquia, George Lucas e sua equipe conseguiram dar convincentemente vida a diversos personagens virtuais, que interagiram organicamente com o elenco humano real (Figura 3.8).

Figura 3.8 – **Jar Jar Binks, personagem de *Star Wars: episódio I – a ameaça fantasma* (1999)**

Na televisão, merece menção a série de ficção científica *Babylon 5*, de 1994, uma das pioneiras no uso de efeitos visuais baseados em ambientes digitalizados como componente narrativo.

As tecnologias digitais de animação computadorizada transcenderam o cinema e a televisão, chegando a outras artes, que começaram a utilizar intensamente suas possibilidades. Isso porque, com a crescente popularização de *hardwares* e *softwares* e sua alta adaptabilidade, as artes visuais, o teatro e a dança também aproveitaram as novidades.

Vale registrar que o mundo acadêmico já utilizava esses recursos para cursos, seminários e afins. Entretanto, foi também nos anos 1990 que as pessoas passaram, de fato, a ter uma relação mais direta com os computadores e a tecnologia gráfica. Com o advento da internet, a disseminação de espaços de exposição para animadores cresceu substancialmente. A partir daí, já não eram apenas os grandes estúdios que tinham vitrines para expor seus trabalhos. Os corredores virtuais democratizaram o trabalho de milhares de pequenos animadores e produtores independentes pelo planeta.

3.4.1 *Cassiopeia*: produção brasileira que reivindica o título de primeiro longa integralmente animado

Em 1992, no Brasil, teve início a produção da animação *Cassiopeia* (Figura 3.9), cuja equipe era comandada pelo publicitário e animador Clóvis Vieira. Com um orçamento equivalente a R$ 1,5 milhão, o objetivo da empreitada era claro: produzir um longa-metragem com a totalidade de suas imagens sendo gerada por computador.

Embora sua produção se tenha iniciado antes de *Toy Story*, de 1995 – o filme que oficialmente detém o título de primeiro longa de animação feito em CG –, *Cassiopeia* estreou um ano depois, ou seja, em 1996, e, desde então, a discussão instaurou-se.

Um detalhe que alimenta a polêmica é o fato de que o longa brasileiro foi produzido integralmente com imagens computadorizadas, ao passo que *Toy Story* fez uso de personagens esculpidos em argila que, depois, foram escaneados, tratados e, por fim, animados em computador, utilizando, em parte, a técnica da rotoscopia, tal que a produção não foi 100% digital.

Para além dessas discussões, *Cassiopeia* apresenta uma narrativa futurística no planeta Ateneia, localizado na constelação homônima ao filme. O planeta é atacado por invasores e quatro combatentes, ao receberem um pedido de socorro, partem para o local a fim de fazer justiça.

Na equipe de produção, além de Clóvis Vieira, havia outros três diretores de animação e um grupo de onze animadores. Em termos artísticos, o longa usou figuras geométricas básicas. Uma continuação foi planejada, mas não chegou a ser realizada.

Figura 3.9 – ***Cassiopeia* (1996)**

3.4.2 *Toy Story*: o marco oficial dos longas-metragens de animação

Deixando de lado a polêmica, *Toy Story* (1995) foi um marco de extrema importância para o processo de amadurecimento das artes digitais animadas. Isso porque, conforme indicamos, esse longa-metragem é oficialmente considerado o primeiro totalmente animado digitalmente.

O trabalho foi uma parceria entre os Estúdios Disney e a Pixar no ano de 1995. A famosa história dos brinquedos que ganham vida trouxe uma estrutura narrativa que despertou enorme interesse e lotou salas de cinema pelo mundo. O estilo Pixar de aliar técnicas de animação tradicional à computação gráfica continuou mostrando-se uma aposta certeira.

Figura 3.10 – *Toy Story* **(1995)**

A parceria, que uniu a potência da Disney e o estilo de animação desenvolvido por John Lasseter, criou uma franquia de sucesso; e seus protagonistas, o Xerife Woody e o astronauta Buzz Lightyear, transformaram-se em ícones da cultura *pop*. Por todos esses motivos, *Toy Story*, na história da animação, tornou-se tão importante quanto o primeiro longa-metragem animado da Disney, isto é, *Branca de Neve e os sete anões*, de 1937.

Outro grande mérito de *Toy Story* foi derrubar as últimas barreiras de aceitação das artes digitais animadas, já que até mesmo grandes estúdios que ainda não apostavam totalmente nesse recurso se viram obrigados a investir em departamentos inteiros para esse tipo de produção. Dessa maneira, no final da década de 1990, a animação digital já havia sido incorporada pelos principais estúdios de animação e de efeitos visuais, sendo vista como uma ferramenta fundamental no processo de construção de um filme.

Lightfield Studios/Shutterstock

CAPÍTULO 4

ELEMENTOS, CARACTERÍSTICAS E ESTILOS DE MOTION GRAPHICS

Depois de compor um panorama sobre a história da animação, das tecnologias que a nortearam e, finalmente, da animação digital, é hora de comentarmos sobre os princípios, as técnicas e os estilos que, hoje, fazem parte do cenário da produção em motion graphics.

A partir dos anos 1990, com o progresso das técnicas digitais e a chegada da internet, um gigantesco mercado começou a se abrir em diversas frentes. Nesse sentido, surgiram *websites* para vitrines virtuais que, independentemente de horário, estavam sempre à disposição de possíveis clientes. Esses portais comerciais evoluíram para o comércio eletrônico – ou *e-commerce* –, que, atualmente, possibilita o acesso do consumidor a qualquer produto desejado.

Não demorou para que, em nosso horizonte, os motion graphics tivessem seus primeiros trabalhos atrelados a *sites* de conteúdo e ao *e-commerce*. No período passaram a ser desenvolvidos *websites* e fóruns especializados na distribuição de conteúdo animado.

Outra pedra de toque da ascensão do motion design esteve relacionada com a ascensão das redes sociais. Quanto a isso, podemos observar a evolução desde os primeiros aplicativos de bate-papo, como o Internet Relay Chat (IRC), até os mais atuais, como Facebook, Instagram, Pinterest e WhatsApp.

Todos esses implementos foram vitais para o desenvolvimento das artes gráficas animadas. No entanto, uma tecnologia tornou-se de extrema importância para o profissional de motion graphics: o *streaming*.

4.1 *Streaming* e motion graphics

Se, atualmente, realizamos "maratonas" de nossos seriados preferidos em *smart TVs*, celulares ou *notebooks*, participamos de videoconferências, ou, ainda, podemos ouvir uma infinidade de músicas a qualquer momento, isso se dá graças ao *streaming*. Trata-se de uma tecnologia de transmissão de dados em tempo real para múltiplos usuários, seja em áudio, seja em vídeo, a qual atua, basicamente, de duas formas.

A primeira é o ***streaming on demand***, em que o arquivo da música, do *podcast*, do seriado ou do filme solicitado pelo usuário está armazenado em um servidor e pode ser acessado por meio de um *website* ou aplicativo. Essa possibilidade de acesso a qualquer momento é uma operação típica de grandes *players* do mercado, como a Netflix ou o Spotify.

A segunda é o ***live streaming***, que, assim como os programas ao vivo de televisão, acontece em tempo real. As *lives* em redes sociais impulsionaram essa funcionalidade. Nesse sentido, diversos profissionais e celebridades realizam debates ao vivo com fãs e seguidores. Além disso, emissoras de rádio *on-line* utilizam muito esse método, com a transmissão, cada vez mais comum, em vídeo de seus programas, em que vinhetas animadas são utilizadas ao vivo.

A primeira empresa a disponibilizar o *streaming on-line* para um grande número de pessoas foi a Progressive Networks, ainda na década de 1990, com transmissão de áudio. Na época, o som que chegava ao usuário era de baixa qualidade em relação ao rádio.

Outro momento histórico se deu em 1995, quando uma partida entre Seattle Mariners e New York Yankees se tornou o primeiro jogo de beisebol transmitido por *streaming*. Na ocasião, uma manchete do jornal *Seattle Times*, de 31 de agosto, retratava com destaque: "O dia em que um torcedor poderá ouvir um jogo transmitido ao vivo de qualquer lugar do mundo, por meio de um computador, está chegando. É na próxima terça-feira, especificamente" (1995..., 2021).

Desde então, a tecnologia do *streaming* de vídeo cresceu e, com ela, as artes animadas digitais. Nesse sentido, empresas investiram em formatos diversos, como a Progressive Networks, que desenvolveu o Real Video; a Apple, com o Quick Time; e a Microsoft, que investiu no Windows Media Player. No início, exigia-se o cumprimento de um conjunto de requisitos e extensões para cada programa, porém não demorou para que formatos mais universais caíssem no uso do cotidiano da internet, como o MP3, o MP4, o AAC e o MOV, que, atualmente, são algumas das extensões mais usadas. Com essa rápida evolução do *streaming* de vídeo, formou-se um mercado bilionário de transmissão de dados e de entretenimento.

Esse crescimento fomentou não somente a necessidade de novas técnicas de *motion*, mas também de estudos sobre o tema. No início dos anos 2000, para qualquer interessado no aprendizado de motion graphics, os livros impressos ainda eram a principal opção. Normalmente com muitas páginas e recheados de conceitos com pouca base prática, a maior novidade, em alguns casos, era a presença de um CD-ROM contendo aulas explicativas pouco aprofundadas.

Isso começou a mudar com o *website* Video Copilot, criado pelo animador Andrew Kramer. O portal é repleto de tutoriais de

Adobe After Effects, 3Ds Max e Adobe Photoshop e inspirou toda uma geração de profissionais, que viu nele uma fonte segura de aprendizado de técnicas de motion design.

O mercado ainda buscava sua identidade e, nesse período, Andrew lançava *templates* com animações de base prontas. Ele gerou uma legião de imitadores, o que foi um grande impulso para o desenvolvimento desse mercado. Dessa forma, uma semente havia sido plantada e, a partir disso, formaram-se muitos profissionais. Alguns destes viajaram em busca de novidades; outros abriram suas produtoras. Com isso, pavimentaram-se novos caminhos.

Os esforços de Andrew Kramer, em uma fase anterior ao YouTube e ao Vimeo, foram fundamentais para a edificação desse cenário profissional, pois a escassez de conteúdo de estudos era considerável. A profissionalização crescente e o desenvolvimento tecnológico do *streaming* acabaram por obrigar os motion graphics a acompanharem esse ritmo e aprimorarem técnicas, narrativas e estilos, que conheceremos neste capítulo.

Como sabemos, o motion design está ligado ao cinema em seu período inicial, experimental e clássico. Nesse sentido, ele figura, principalmente, em cenas de créditos iniciais ou finais de produções da época.

O termo *motion graphics* não tem uma origem determinada, mas seu uso remete ao animador John Whitney Sr., mencionado no Capítulo 3, um dos primeiros a adotar comercialmente essa terminologia. Ele foi cofundador do estúdio Motion Graphics Incorporated, no ano de 1960, e notabilizou-se por criar aberturas de filmes e animações para programas televisivos. A expressão tornou-se ainda mais popular com a publicação do livro *Creating*

Motion Graphics with After Effects: Essential and Advanced Techniques, de Trish e Chris Meyer (2010), que trata do *software* Adobe After Effects.

Essa publicação também incentivou de forma considerável o gosto pelo *motion*, que, hoje, se faz presente em todas as telas do cotidiano. Como ferramentas, os motion graphics são a união de técnicas de design, animação e narrativa. Entretanto, a farta oferta de *softwares* que temos no presente por si só não basta. Há uma demanda por um estudo mais aprofundado da animação, o que passa por diversos campos de pesquisa, com análises de técnica, contexto e estilo. Em suma, aplicativos e programas dão a dinamicidade que nos é tão cara quando o assunto é animação, mas o foco de um profissional completo deve ir além de, unicamente, manipular um *software*.

4.2 O grande pilar: os 12 princípios da animação

O encantamento que nos toma quando assistimos a uma animação – seja mais antiga, como *Branca de Neve e os sete anões* (1937), seja mais moderna, como o megassucesso *Frozen* (2013) – só é possível devido ao cumprimento de regras que orientam sua criação. Nesse sentido, existem 12 princípios, válidos tanto para produções digitais quanto para animações tradicionais, que se popularizaram por meio de um livro dos Estúdios Disney e foram estabelecidos, na década de 1930, por Frank Thomas e Ollie Johnston, animadores do estúdio. O livro, intitulado *The Illusion of Life: Disney Animation* (Thomas; Johnston, 1984) – juntamente de outras obras canônicas, como o *The Animator's Survival Kit* (Williams, 2001) – tornou-se uma referência para animadores de todo o planeta.

Os 12 princípios de animação que analisaremos nas subseções a seguir são fundamentais e, ao mesmo tempo, flexíveis – o que os torna ainda mais interessantes.

4.2.1 Comprimir e esticar (*squash and stretch*)

O comprimir para esticar (Figura 4.1) é um princípio muito conhecido no mundo da animação. Basta lembrarmos de cenas dos clássicos desenhos dos Estúdios Hanna-Barbera nas quais um personagem qualquer cai de uma grande altura e, ao chegar ao chão, tem sua forma achatada. Essa deformação é uma demonstração do uso desse princípio em uma animação.

Assim, efeitos de uma bola saltando, da distorção em um rosto que tomou um golpe ou de um personagem que é esticado ou amassado são resultados da aplicação desse conceito. Inicialmente, esse princípio foi pensado para a representação de tecidos vivos, de personagens humanos, mas logo foi aplicado em diversos objetos.

Figura 4.1 – **Comprimir e esticar**

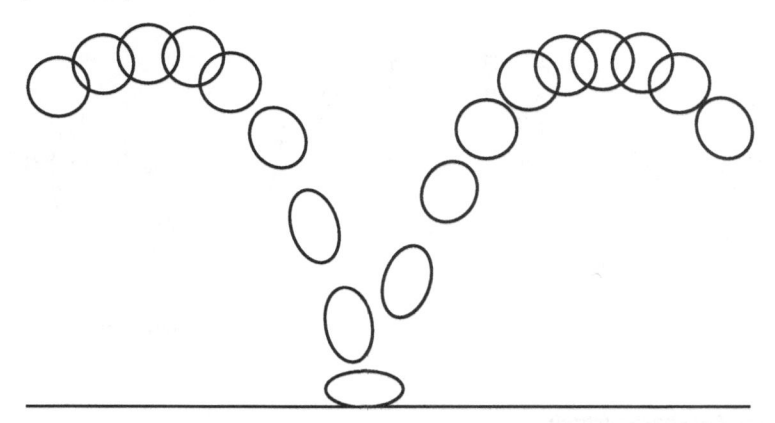

Fonte: Thomas; Johnston, 1984, p. 51.

4.2.2 **Antecipação *(anticipation)***

As ações dentro da trama de uma animação requerem uma antecipação, isto é, todo ato necessita de um elemento narrativo que mostre o que virá em seguida.

Pense em uma corrida, por exemplo. O piloto não pode, em uma animação, simplesmente disparar do nada. Antes, ele precisa acelerar e deixar claro que irá correr em alta velocidade, pois é justamente essa série de movimentos que informa ao espectador o que virá em seguida. Esse é o princípio da antecipação (Figura 4.2).

Figura 4.2 – **Antecipação**

Antecipação

Fonte: Elaborado com base em Hurtt, 2017.

4.2.3 **Encenação** *(staging)*

A animação foi consideravelmente influenciada pelo teatro, no qual as ações dos personagens e uma boa direção de cena são vitais.

Se transportado para o universo das animações, esse princípio de encenação (Figura 4.3) assinala a importância da clareza na transmissão de emoções, atitudes e situações retratadas, as quais devem ser compreendidas pelo espectador. Desse modo, as posições das câmeras virtuais, bem como as expressões faciais e corporais dos personagens, obedecem a esse princípio.

Figura 4.3 – **Encenação**

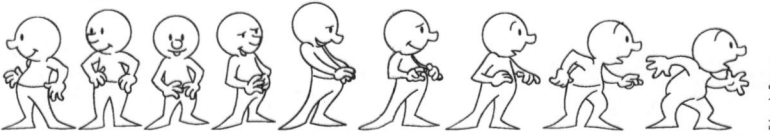

Fonte: Elaborado com base em Thomas; Johnston, 1984, p. 53.

4.2.4 Animação pose a pose e direta *(pose to pose and straight ahead)*

Em uma sequência animada pose a pose (Figura 4.4), existem os principais movimentos de um personagem, por exemplo, sentado, em pé, preparando para saltar e, por fim, saltando. Essas poses principais são chaves (*frames*-chave, ou *keyframes*), com base nas quais um animador pode criar quadros intermediários que representem a transição entre eles. Nesse método, o profissional costuma planejar os *keyframes* mais cuidadosamente para atingir o tempo de transição e ação desejado.

Já no modelo direto, o artista anima o personagem quadro a quadro, criando outros durante o processo, ou seja, ele desenha movimento após movimento, até que se encerre a cena. Isso é mais trabalhoso, mas confere um aspecto mais fluido à animação. Como o artista não tem um planejamento preciso, cria de acordo com a progressão da dinâmica. Esse método é empregado para representar movimentações rápidas ou inesperadas.

Percebemos, então, que no estilo pose a pose existe uma maior presença de controle do processo. Já no método direto, há uma maior espontaneidade na animação.

Figura 4.4 – **Animação pose a pose (as poses destacadas são as *keyframes*)**

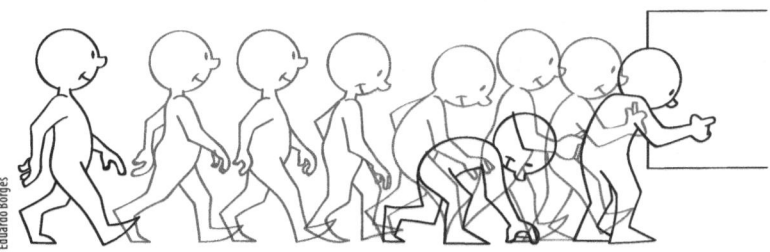

Fonte: Elaborado com base em Williams, 2001, p. 65.

4.2.5 Sobreposição e continuidade da ação (*overlapping and follow through*)

O princípio de sobreposição e continuidade da ação trabalha com a naturalidade dos movimentos. Logo, nenhuma ação deve ser bruscamente interrompida e, para isso, é bastante comum que os animadores aumentem um pouco as leis da física.

Figura 4.5 – **Sobreposição e continuidade da ação**

Fonte: Elaborado com base em Thomas; Johnston, 1984, p. 61.

4.2.6 Aceleração e desaceleração (*slow in and slow out*)

Fatores de velocidade como aceleração e desaceleração (Figura 4.6) influenciam diretamente na dinâmica dos movimentos de cada personagem; logo, trabalhá-los de maneira adequada torna a animação muito mais interessante.

Para isso, é preciso que o animador use a aceleração e a desaceleração, o que determinará as ações de entrada e saída entre os *keyframes* que definem a animação.

Figura 4.6 – **Aceleração e desaceleração**

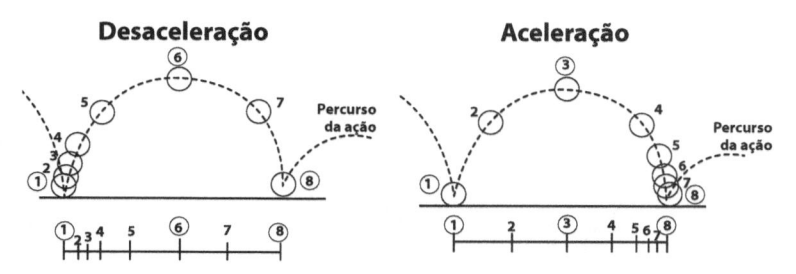

Desaceleração   **Aceleração**

Percurso da ação

Percurso da ação

Fonte: Bentham, 2021, tradução nossa.

4.2.7 **Movimento em forma de arco (*arcs*)**

O uso de movimentação em arco (Figura 4.7) torna uma animação natural e realista. Nesse sentido, os profissionais dos Estúdios Disney perceberam o quanto esse tipo de movimento está presente no mundo real. Braços e pernas funcionam dessa forma, por exemplo.

Figura 4.7 – **Movimento em forma de arco**

Fonte: Elaborado com base em Clark, 2003.

4.2.8 **Ação secundária (*secondary action*)**

Em uma boa animação, além do protagonista, diversos outros elementos e situações devem ser inseridos para enriquecer a narrativa. Esses elementos se posicionam em segundo plano. Imagine, por exemplo, a cena de um *show* de trapezista. Enquanto, este realiza suas acrobacias, em segundo plano, aparece a plateia a vibrar. Essa ação secundária torna a história mais verossímil.

Figura 4.8 – **Ação secundária**

(continua)

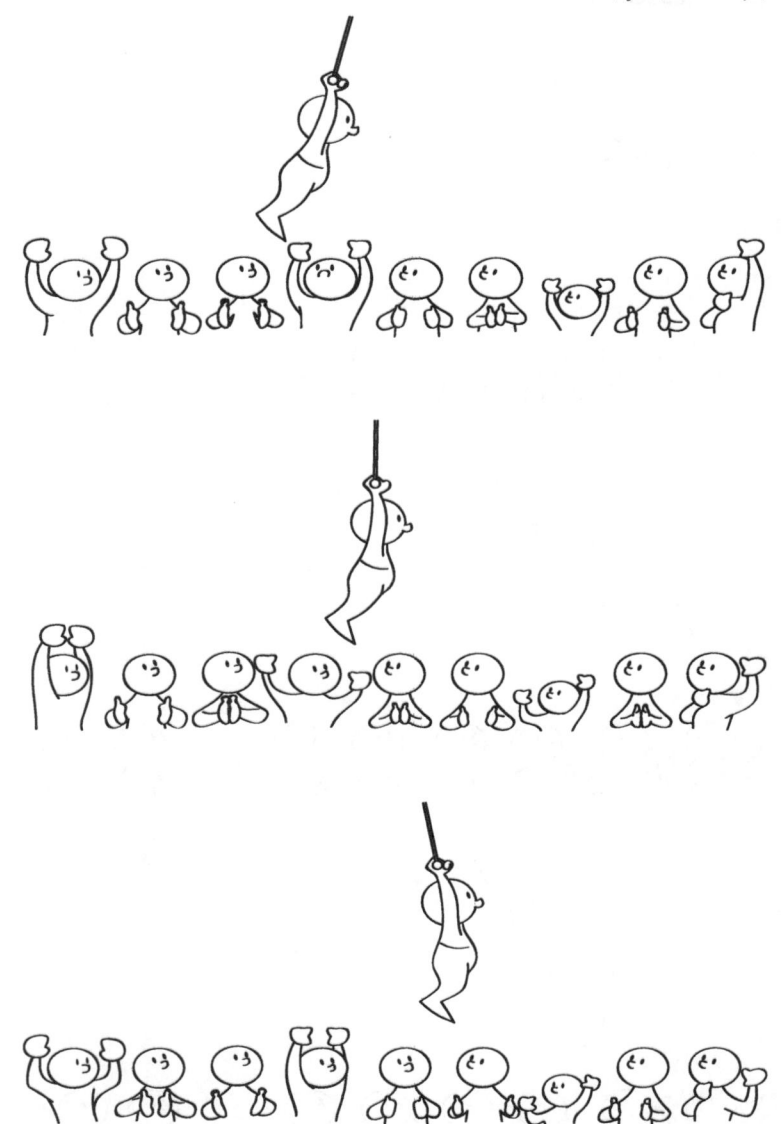

(Figura 4.8 – continuação)

(Figura 4.8 – conclusão)

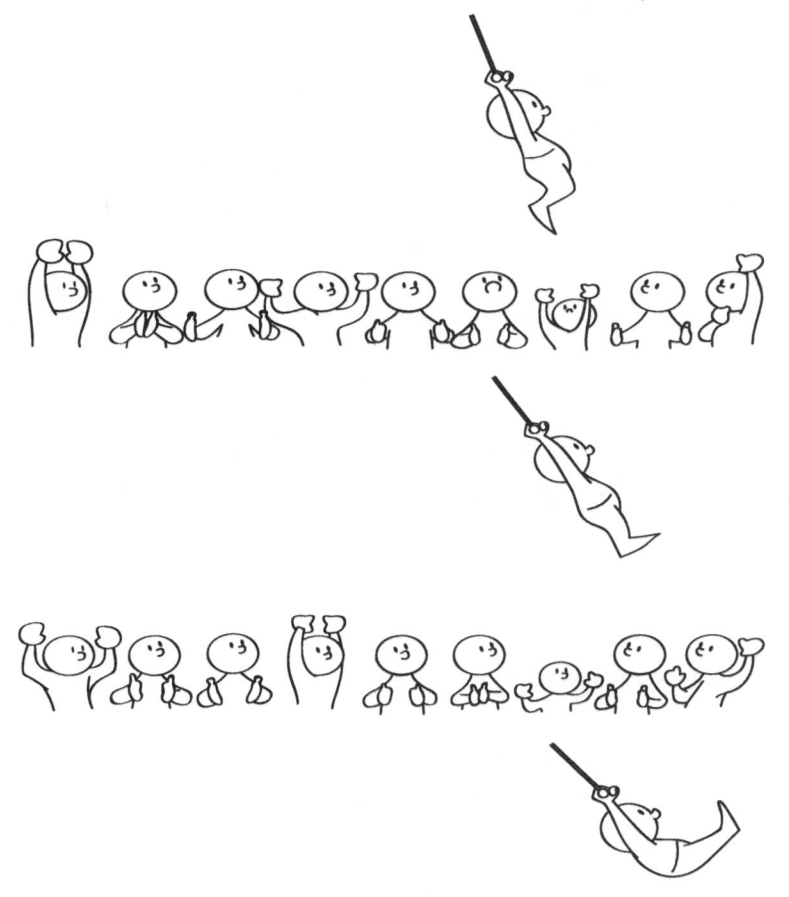

4.2.9 Temporização (*timing*)

O número de quadros de uma animação influencia sua velocidade, principalmente entre os *keyframes*. Nesse caso, no espaço entre dois *frames*-chave, quanto mais quadros desenhados existirem, menor será a velocidade e, por conseguinte, mais lento o movimento; o oposto também é verdadeiro.

Figura 4.9 – Temporização

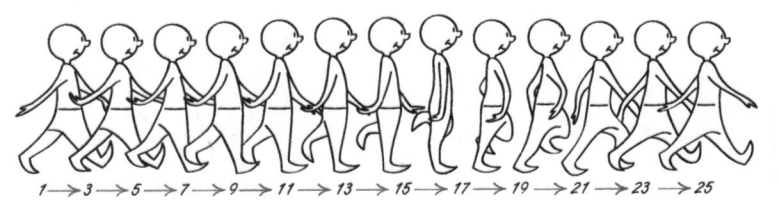

Fonte: Elaborado com base em Layers..., 2021.

4.2.10 Exagero (*exaggeration*)

Caminhando lado a lado com o princípio da encenação, o exagero (Figura 4.10) tem uma força narrativa muito grande, sendo utilizado para extrapolar expressões faciais, movimentos, sons e outros elementos. Trata-se de um recurso poderoso, pois permite que os espectadores compreendam, rápida e ludicamente, o que está acontecendo. Normalmente, o exagero acrescenta aspectos cômicos à narrativa.

Figura 4.10 – Exagero

AndriyA/Shutterstock

4.2.11 **Desenho volumétrico (*solid drawing*)**

O desenho volumétrico (Figura 4.11) agrada ao espectador. Mesmo em situações de animação em 2D, a sensação de volume criada pelo jogo de luz e sombra gera uma sensação maior de realismo, o que prende a atenção.

Figura 4.11–Desenho volumétrico

4.2.12 Apelo (*appeal*)

Assim como qualquer filme, seriado ou novela, as animações narram histórias. Nesse sentido, seus componentes, sejam elementos gráficos primitivos, sejam sofisticados personagens com modelagens complexas, devem ter um apelo, ou seja, um carisma que cative o público (Figura 4.12).

Quando há uma estrutura robusta, como aquela de que os Estúdios Disney dispõem, apela-se a artistas consagrados para dublar os personagens, por exemplo. Contudo, mesmo sem isso, o conjunto constituído por forma, som, movimentos, cores, superfície e enquadramento pode e deve ter um apelo marcante, que cause identificação no público.

Figura 4.12 – **Personagem carismático**

4.3 Técnicas e estilos de motion graphics

Os 12 pilares da animação constituíram o solo seguro para o desenvolvimento constante do motion design e seu aprimoramento deu-se na edificação tanto de novas técnicas quanto de estilos narrativos.

Esses dois tópicos desenvolveram-se paralelamente e, a cada ano, surgem tecnologias, linguagens e situações de mercado que possibilitam inovações técnicas e estilísticas. Nesse sentido, dividiremos esta seção em duas partes: os estilos de motion graphics quanto à técnica e quanto à narrativa.

4.3.1 Estilos de motion graphics quanto à técnica

Stop motion

É justo que iniciemos esse panorama com uma das primeiras técnicas de animação da história, que, mesmo com o passar do tempo, não perde seu fôlego. O *stop motion* – termo que pode ser traduzido como "movimento parado" – é uma técnica bastante popular que utiliza sequências de imagens de um objeto inanimado, simulando-se seu movimento em uma superfície qualquer. As imagens em questão são chamadas de *quadros*. No caso de fotografias, estas são registradas de um mesmo local, mas o objeto, por sua vez, é mudado de legar, o que cria a sensação de movimento.

Como informamos em capítulos anteriores, o *stop motion* é visto como movimentação por causa da persistência retiniana, que promove uma ilusão de movimento quando uma animação tem mais de 12 quadros por segundo. Apesar de ser uma técnica antiga, é largamente utilizada em vídeos de diversas durações.

Exemplos contemporâneos de uso dessa técnica são filmes como *Frankenweenie* (2012), de Tim Burton, e o cultuado longa *A fuga das galinhas*, de 2000, dirigido por Nick Park e Peter Lord.

Flat design

A história das motion graphics na era digital tem no *flat design* (Figura 4.13) um divisor de águas, tamanha sua importância e influência. Sua primeira manifestação notável é reputada ao lançamento do sistema operacional Windows 8. A partir dali, o estilo emergiu como tendência. Não foi a Microsoft que o criou, mas esta, como uma gigante do mercado, provocou sua popularização. Nesse sentido, atualmente, o *flat design* é muito empregado na publicidade e nas redes sociais.

Esse estilo consiste no emprego de formas diretas e texturas chapadas e minimalistas, correspondendo a um estilo limpo, em que apenas o essencial deve ser utilizado. Ao contrário do estilo 3D, ele não tem compromisso com a representação do real, pois sua força está na mensagem. Dessa forma, ele constituiu uma grande revolução, que dispensou o uso de sombras, profundidade e efeitos sonoros. Além disso, valoriza muito o uso de espaços negativos ou mesmo vazios e trabalha bastante com fontes sem serifa.

Logo, trata-se de um estilo minimalista, elegante, moderno, de produção relativamente rápida e menor investimento.

Entre as diversas influências do *flat design*, está o *match cut*, uma técnica bastante difundida de transição entre duas cenas. Transições desse tipo estabelecem mais simbolismo entre as imagens, descartando elementos não essenciais que são comuns em outras técnicas, como sombras, reflexos ou perspectiva.

Seu caráter inovador estimulou a formação de outras tendências de motion graphics que utilizam sua base. A revolução gráfica imprimida pelo estilo foi tão grande que ele se tornou basicamente um sinônimo de artes digitais animadas na modernidade.

Figura 4.13 – **Flat design**

Bloomicon/Shutterstock

Flat design estilo long shadow

O *flat design* por si só foi uma grande inovação. A rapidez da mensagem e a limpeza de sua proposta foram rapidamente adotadas pelo mercado e por designers de todo o globo.

Obviamente, com o uso corrente e repetitivo, um nível de saturação foi alcançado. Por isso, para que o *flat design* se renovasse, o estilo *long shadow* (Figura 4.14) surgiu, resgatando uma profundidade típica do antigo realismo. Isso não implicou, necessariamente, em um ambiente tridimensional. No entanto, passaram a ser utilizados elementos gráficos de forma a lembrar composições em 3D em um ambiente ainda predominantemente chapado, trabalhando com mais liberdade na representação de sombreamentos e reflexos.

No que diz respeito aos efeitos de sombra, nesse estilo, essas são alongadas, aumentando a sensação de profundidade, mas mantendo a ambientação simples do *flat design*. Dessa forma, permanece o conceito, ainda que com pequenas variações, que geram impacto visual.

Figura 4.14 – **Flat design** estilo *long shadow*

vasabii/Shutterstock

Flat design com utilização de degradê

Outra variação do *flat design* original se dá com a utilização de degradê (Figura 4.15). Nesse sentido, esta busca mais riqueza de detalhes, assim como ocorre no estilo *long shadow*.

Assim, o uso de gamas de degradê constitui novas tentativas de aumentar a força visual, saindo um pouco das premissas restritivas do *flat design*, mas mantendo suas características gerais. Não se busca profundidade, senão uma maior riqueza artística.

Esse estilo está bastante popularizado entre os designers. Marcas expressivas do mercado, como a Oi e o Instagram, usam esse recurso em suas animações e identidades visuais.

Com ênfase na junção de duas ou mais cores, faz-se amplo uso do degradê em fundos e superfícies, a fim de alcançar certo equilíbrio. A iconografia tende a ser em linhas e transmite-se uma sensação de modernidade. Além disso, como na natureza, as cores não se mostram inteiramente planas e chapadas, tal que o uso de gradientes de cor dota as composições de características mais orgânicas e confortáveis para a percepção humana.

Figura 4.15 – **Flat design com utilização de degradê**

Flat design **com utilização de linhas finas**

Sendo um dos elementos básicos na constituição de qualquer forma gráfica, a linha é um agente preponderante no design. Ela é utilizada em larga escala, para destacar, decorar, apontar, ilustrar, seguir, dividir, ligar, conduzir ou representar. Contudo, no caso do *flat design* de linhas finas (Figura 4.16), as linhas passam a ter maior protagonismo, pois o uso de suas formas finas é uma tendência bastante moderna.

Nesse sentido, as linhas tornam os projetos mais visualmente digitais, pois a linha geométrica não está presente na natureza. Portanto, empresas com perfil digital, como a Dropbox, apostam nesse formato.

Esse estilo é considerado bastante moderno e um dos que mais se distancia do realismo. A iconografia e as composições são sempre limpas e elegantes, mas não minimalistas.

Figura 4.16 – ***Flat design*** **com utilização de linhas finas**

***Liquid animation*, animação fluida, ou animação líquida**

A *liquid animation* (Figura 4.17) também deriva do *flat design*. Isso porque utiliza sua ambientação, mas com animações bem mais orgânicas e fluidas, que simulam movimentos de acordo com seus similares e em consonância com as leis da física.

O resultado visual da combinação de uma ambientação chapada e geometrizada com formas orgânicas tende a ser bastante interessante. Nesse sentido, este se mostra um dos estilos que mais prendem a atenção do usuário, do início ao fim da peça animada.

Essas formas fluidas, não raro, utilizam os 12 princípios da animação em 2D, desenvolvidos por Thomas e Johnston (1984).

Figura 4.17 – ***Liquid animation***

Infográficos animados

Os infográficos são uma ferramenta muito didática, porque unem elementos visuais e textuais. Isso torna a informação atrativa e rica, além de facilitar a compreensão.

Muito presentes em *sites* e *blogs* corporativos e educacionais, os infográficos, por meio da animação, configuram-se como mais um campo de atuação muito promissor. Com o rápido avanço da internet, o acesso à informação atingiu proporções nunca antes vistas.

Com a entrada dos recursos de animação nesse segmento, os usuários visualizam informações com uma maior facilidade e tornam-se mais interessados no aprendizado. Além disso, textos e imagens recebem mais estilo e sofisticação. Por essas razões, essa modalidade está sendo muito utilizada em canais de *streaming*.

Tipografia cinética

Muito presente em diversos segmentos de mercado, a tipografia cinética (Figura 4.18) é um estilo de animação que se utiliza, quase exclusivamente, de letras. Esse "texto em movimento" ganha cada vez mais espaço como ferramenta didática. Nesse sentido, o texto pode ser apresentado ao usuário no momento em que é narrado, cantado ou declamado, e, por isso, mostra-se útil especialmente no aprendizado de outros idiomas.

O cinema e a animação gráfica fazem, há décadas, experimentos com essa forma de comunicação. Por exemplo, em 1899, George Méliès já executava tentativas de animação de textos. Contudo, foi em 1960 que as aberturas de filmes introduziram, com maior frequência, a tipografia cinética.

Estudiosos do cinema apontam que o primeiro filme a utilizar mais extensivamente esse recurso foi *Intriga internacional*, de 1959, dirigido por Alfred Hitchcock. Desde então, o estilo aumentou sua presença no mercado e, como a tipografia é um elemento central na comunicação, a digitalização de processos de animação ampliou consideravelmente suas possibilidades.

Figura 4.18 – **Tipografia cinética**

Parallax

Um recurso muito interessante com grande capacidade de promover profundidade, chamado *parallax* **de rolagem**, popularizou-se a partir de 2011 com o desenvolvimento de recursos de *webdesign*. Consiste em uma técnica na qual o *background* (fundo da cena) sofre uma movimentação mais lenta do que os objetos que estão em primeiro plano. Os resultados impressionam e geram um efeito de 3D, mesmo que as formas na tela estejam retratadas em apenas duas dimensões, o que torna a experiência muito imersiva.

O efeito de paralaxe acontece por uma ilusão de ótica. Para o olho humano, os objetos que estão mais próximos são maiores do que os mais afastados, tal que parecem movimentar-se mais rapidamente. Por exemplo, ao olhar pela janela de um carro que percorre uma estrada em alta velocidade, o observador vê os objetos próximos passarem rapidamente por seus olhos, mas as montanhas ao fundo parecem movimentar-se muito lentamente. A técnica da *parallax* de rolagem simula justamente esse efeito.

Morph animation

Imagine uma animação iniciando com um automóvel que, de repente, começa a transformar-se em uma nave espacial. Esta, por sua vez, se transfigura em um animal, que, na sequência, segue modificando-se em diversos objetos e seres. Tudo isso sem cortes, sem mudanças de cenário e em tempo real. Esse efeito é conhecido como *morph animation*.

Nesse tipo de animação, há uma carga de fantasia muito alta, de modo que prende muito a atenção do espectador. Trata-se de um estilo divertido que se presta a diversas intenções narrativas, podendo ser utilizado para demonstrar o uso de qualquer produto, contar uma história etc.

Desde sua popularização, a partir dos anos 2000, a *morph animation* faz-se presente em videoclipes, aberturas de programas e vídeos educacionais. Sua plasticidade técnica exige do animador precisão e bom planejamento, pois demanda extensivamente o uso de transições entre os *keyframes*.

Live action animation

A técnica do *live action* promove a interação de desenhos e animações – em 2D, 3D e digitais – com atores e atrizes reais. Grandes sucessos do cinema, como *Space Jam* (1996), *Mary Poppins* (1964), *Malévola* (2014), *Resident Evil* (2002), *Aladdin* (2019), utilizaram essa técnica. Com o aprimoramento das ferramentas de computação gráfica (CG), ela começa a ser mais utilizada também pela publicidade e pelas plataformas digitais. Isso porque a interação entre atores reais e personagens animados tem enorme apelo comercial, embora exija recursos avançados e grande orçamento de produção.

Realismo ou esqueumorfismo

O esqueumorfismo (Figura 4.19), ou, ainda, realismo, propõe-se a representar as três dimensões do mundo real em uma peça de motion design. Assim, busca-se um alto grau de fidelidade, com o emprego de recursos como a projeção de sombras, o trabalho com a iluminação e o uso de perspectiva e pontos de fuga.

O esqueumorfismo foi muito utilizado no início do design digital, porque, com nuances do mundo real, se mostrava mais simples para o entendimento das pessoas. No lançamento da primeira versão do Windows, na década de 1980, a lixeira – assim como a lupa do Adobe Photoshop – apresentava um **ícone mais** realista, elaborado por meio desse recurso, a fim de facilitar a identificação do usuário.

Por isso, o uso de luzes e sombreamentos característicos, texturas que simulem o real e demais efeitos têm como vantagens a percepção realista e de valor agregado.

Figura 4.19 – **Esqueumorfismo ou realismo**

zentilia/Shutterstock

Composição 3D

O fascínio exercido pela representação em três dimensões é inegável. Com a popularização desse recurso, na década de 1990, os motion graphics não poderiam deixar de utilizá-lo. Os exemplos, nesse sentido, vão desde peças visuais com intenções acadêmicas até artes de teor comercial, uma vez que peças em **3D** têm alto impacto sobre o público.

Atualmente, *softwares* presentes na produção do motion design, como o Adobe After Effects, apresentam módulos de 2D e 3D. Isso fornece mais possibilidades de criação e interação dos elementos com texturas, fontes de luz, reflexos e sombras muito realistas. Além disso, é possível importar objetos confeccionados em 3D para a área de trabalho do programa, o que aumenta seu potencial de fidelidade.

Obviamente, a produção de motion graphics em 3D implica em mais trabalho e demanda maiores investimentos. No entanto, a resposta do público tende a ser positiva.

Figura 4.20 – **Composição 3D**

Padrão isométrico
Proveniente do universo dos desenhos técnicos, o estilo isométrico não é algo novo. Isso porque cubos, quadriláteros, triângulos e diversas outras formas são parte de representações gráficas há bastante tempo. Todavia, na modernidade, o estilo foi repaginado e, atualmente, a perspectiva de caráter isométrico mantém o tradicionalismo respeitando as escalas de altura, largura e comprimento dos objetos, sempre orientadas por um eixo.

A depender da forma, um objeto será mais 3D, como o cubo, ou 2D, como um círculo. Como mais uma vertente adaptada do *flat design*, esse padrão cultiva, com auxílio do desenho tradicional de formas geométricas, a dinamicidade, a simplicidade e a elegância. Sua produção é relativamente rápida e seu custo, atrativo.

Minimalismo
O minimalismo caracteriza-se por sua extrema simplicidade, exaltando o conceito de "menos é mais". Essa premissa provém de um movimento artístico, estético, cultural e científico nascido no século XX, que influenciou fortemente o design em todas as suas vertentes.

Diferentemente do que ocorre no *flat design*, no minimalismo, não há obrigação de um aspecto plano e chapado. Nesse caso, a busca é pela simplicidade máxima, com utilização de elementos muito essenciais e ênfase ainda maior nos espaços vazios. Para tanto, o minimalismo lança mão de tipografias ampliadas e limpas.

Trata-se de um estilo de grande facilidade e baixo custo de produção. Por sua simplicidade, as mensagens são muito diretas e eficazes.

Whiteboard

Com forte presença em conteúdos didáticos, o *whiteboard*, ou animação em quadro branco, baseia-se em aulas, professores e materiais escolares como lousas ou cadernos. A intenção é transmitir ideias, conceitos e conteúdos, ou narrar histórias, sempre com o auxílio de desenhos.

Esse formato é muito interessante e apreciado. Basicamente, em um fundo branco, uma mão desenha em tempo real, enquanto uma explicação acontece. Vídeos nesse estilo são extremamente didáticos, pois seu frequente tom de conversa informal cria uma atmosfera de intimidade. Além disso, seu custo de produção é relativamente reduzido, se comparado a outros estilos.

Figura 4.21 – **Whiteboard**

Cartoon

O estilo *cartoon* é um dos mais divertidos e interessantes. Embora esteja baseado no realismo, ele permite liberdades, com "brincadeiras" no uso de sombras, pontos de fuga e na alternância entre efeitos 2D e 3D. Além disso, pode variar de uma atmosfera contida e professoral a uma narrativa caricata e com toques de irreverência.

Nas aplicações dessa técnica, o *storytelling* é valioso e a utilização de personagens pode representar grandes vantagens, ao aumentar a empatia e possibilitar diversos conceitos e caminhos narrativos.

Motion graphics em colagem ou *cutout*

O *cutout* corresponde a uma colagem animada, que se baseia em sobreposições de camadas de objetos de estilos variados, buscando promover mosaicos coloridos e híbridos.

Essas imagens recortadas e sobrepostas, normalmente, carregam texturas e formas diferentes. Trata-se de uma técnica muito utilizada no design gráfico e no segmento do motion design, por conta de sua beleza e seu exotismo. O *cutout* é bastante abstrato e constitui uma bela ferramenta de comunicação, com forte expressividade.

4.3.2 Estilos de motion graphics quanto à narrativa

Explainer video

Os motion graphics estilo *explainer video* têm função informativa e, geralmente, são de curta duração, tendo de 60 a 90 segundos.

Essa técnica é válida para prender a atenção do público-alvo para lhe transmitir um conjunto de ideias, sempre com linguagem clara e persuasiva.

Nesse sentido, esse tipo de animação, essencialmente, fornece conceitos que explicam de que forma determinado produto funciona, ou por que determinado adereço seria a melhor opção. Portanto, por meio do didatismo, a técnica busca auxiliar na tomada de decisão de consumo.

Broadcast video animation

Os avanços proporcionados pelas tecnologias digitais e a globalização das plataformas de acesso remoto provocaram uma forte disseminação do *broadcast*. Vale lembrar que, por volta de 2005, quando o YouTube ainda buscava popularizar-se, esse termo estava presente em sua apresentação: "*Youtube: broadcast yourself*".

O *broadcast* é um processo de transmissão de informações em tempo real e para diversos receptores em diferentes localizações. Essa tecnologia abriu portas no mercado para a criação de vinhetas, animações de apoio e informações dinâmicas.

Conforme a tecnologia evolui – como na passagem do 4G para o 5G –, o poder de difusão do *broadcast* amplia-se. Nesse sentido, a televisão, cada vez mais digital, e diversas outras possibilidades aumentam a demanda por implementos especializados de motion graphics.

Logo review

O *logo review* não compreende uma técnica específica, mas, sim, uma categoria, uma adaptação de técnicas para gerar animações em logotipos. Esse recurso é muito utilizado pelas marcas quando se apresentam em plataformas multimídia. Nos anos 1990, o logo da Music Television (MTV) era uma referência nessa categoria.

Main title design

O *main title design* está associado, principalmente, a aberturas de séries televisivas. Pode ser chamado de *open title design*, e, como outras categorias, não representa uma técnica autônoma, senão o uso de diversos recursos para a criação de sequências marcantes.

É possível citar como exemplo a abertura do seriado *Game of Thrones* (2011-2019), considerada uma das mais marcantes da história.

Vídeo promocional

O vídeo promocional corresponde a uma categoria narrativa, pois pode utilizar qualquer técnica. Trata-se de uma forma para a promoção de produtos e serviços em geral, enfatizando suas características de tecnologia e design, suas vantagens e a satisfação dos consumidores.

Sua demanda no mercado brasileiro é grande, principalmente com o avanço do sinal digital e das redes sociais.

Motion de varejo

O *motion* de varejo é altamente popular no Brasil, visto que essa forma de comércio tem muita força em território nacional. Normalmente, uma peça do tipo não ultrapassa 30 segundos de duração e presta-se a divulgar a oferta de produtos diversos.

Retrô moderno

Quem convive de perto com o design, seja design gráfico, seja de produto, seja digital, seja qualquer outra de suas vertentes, sabe que esse segmento se alimenta frequentemente de tendências cíclicas: um estilo, em determinado momento, é altamente recorrente e cultuado; logo em seguida, desaparece; e, depois de um tempo, é resgatado com elementos modernizantes que lhe conferem uma nova roupagem.

Entre os estilos de motion graphics que ganham força no mercado, o chamado **retrô moderno** mostra-se uma opção relevante, ao resgatar formatos de comunicação próprios de décadas passadas, como as de 1970, 1980 e 1990, combinados com certos padrões modernos que lhes conferem um ar atual, como o minimalismo ou o *flat design*.

Como uma tendência que bebe de fontes do passado, o retrô moderno varia sua iconografia de acordo com o período histórico ao qual se vincula. Nesse sentido, utiliza tipografias personalizadas de cada época, brincando, assim, com elementos do passado. Desse modo, apela a uma nostalgia que remete a lembranças emocionais do público, sem deixar de se valer de referências modernas e sofisticadas.

Material design

O *material design* é um estilo recente criado e divulgado pelo Google, seguindo a linha de enriquecer a natureza digitalizada do *flat design*. Busca desenvolver uma maior profundidade nos elementos visuais com referências ao espaço físico cotidiano. Por isso, lança mão de aspectos realistas, como o uso de sombras e de perspectiva, sem, no entanto, abandonar o *flat* em suas características de design em planos, simplicidade iconográfica e espaços de respiro visual.

No entanto, o *material design* diferencia-se de outras vertentes, com o emprego de formas planas em três dimensões, acompanhadas de visão aérea ou isométrica. Além disso, sombras são bastante utilizadas em planos de fundo, para gerar a impressão de elevação das formas.

Outros fatores presentes são as cores muito vivas, as tipografias grandes e o uso eventual de fotografias. Por se tratar de uma novidade, pode conferir grande destaque a uma peça de animação, pois transmite os conceitos de modernidade e solidez, além de produzir um forte impacto visual.

Motion graphics com imagens

A combinação de ilustrações e imagens fotográficas pode ser muito poderosa em uma peça de comunicação em motion graphics. Isso porque imagens reais têm forte apelo e agregam valor, ao passo que ilustrações são lúdicas e estimulam a imaginação.

Ambas representam mais uma possibilidade de produção de mensagens gráficas interessantes. A alternância entre imagens de um produto específico e animações que mostrem seu uso, por exemplo, é capaz de gerar forte identificação na audiência.

Motion graphics com apresentador

Outro formato muito didático, utilizado em cursos de educação a distância (EAD) e por *youtubers*, é o motion graphics com apresentador. Basicamente, nessa técnica, um apresentador, em um estúdio, utiliza de telões ou *chroma key* para interagir com peças de animação em motion graphics que acompanham suas explicações.

A interação entre o apresentador e as animações torna o vídeo dinâmico e empático, bem como apela para um princípio muito recorrente no *marketing* digital: a autoridade. Esse princípio se dá quando alguém se coloca como conhecedor de determinado assunto. Logo, a presença humana, nesse caso, torna a peça atrativa e persuasiva.

Corporativo

Obviamente, o motion graphics não poderia ficar fora da produção corporativa, uma vez que se consolidou como uma das grandes vertentes do audiovisual. Por isso, empresas de diversos portes e corporações não abririam mão desse valioso recurso para divulgar seus produtos e serviços.

No entanto, o *motion* corporativo criou demandas particulares. Isso porque, com o tempo, o próprio mercado percebeu que muitos dos estilos de motion graphics estabelecidos careciam de certa seriedade, aspecto necessário para a linguagem publicitária de determinadas empresas.

Sob esse aspecto, o estilo não apresenta exatamente técnicas ou recursos visuais próprios. Trata-se muito mais de uma intenção de linguagem combinada a elementos visuais, narrativos e de design adaptados a conceitos empresariais e corporativos. Em suma, não consiste em algo fixo.

Nesse sentido, os recursos, normalmente, buscam segurança e sobriedade, com uso restrito das cores, valorizando as frias. Além disso, emprega-se uma iconografia limpa, com a clara intenção de transmitir seriedade por meio da simplicidade visual.

Esse é um segmento promissor dos motion graphics e, com a chegada das *startups* no mundo corporativo, essa demanda tende a aumentar.

Infantil

No estilo infantil, busca-se chamar atenção tanto do público infanto-juvenil quanto dos adultos que apreciem esse tipo de linguagem. Essa vertente tem a liberdade de usar elementos de todas as outras, mas com as devidas adaptações para o público-alvo.

Como se trata de uma linguagem mais infantilizada, utilizam-se cores vivas, além de estilizações exageradas e, até mesmo, caricaturais. Isso costuma ser certeiro, pois o público infantil, normalmente, não se interessa por outros estilos. Outra característica forte nessa vertente é a viralização, por seu caráter livre e divertido.

4.3.3 Variedade e mercado de motion graphics

O mercado de motion graphics, como pudemos constatar, tem um ritmo muito veloz. No Brasil, a demanda por profissionais e *freelancers* cresce, pois agências e clientes de todos os portes desejam explorar as técnicas e os estilos narrativos que descrevemos neste capítulo.

Nesse sentido, a atividade conta com muitas etapas, que vão da pesquisa, passam pelo *briefing* e pela reunião para o *brainstorming* e chegam à concepção de design visual. Cada etapa tem seu tempo de execução, porém o desenvolvimento acelerado do mercado exige do designer e animador gráfico um alto nível de estudos e qualificação.

FrameStockFootages/Shutterstock

CAPÍTULO 5

ETAPAS DE UM TRABALHO EM MOTION GRAPHICS

Quais e como são as etapas de um processo de construção de uma peça visual em motion graphics? Quais são os conhecimentos exigidos e as atitudes necessárias?

Conceber e organizar um projeto profissional de animação não consiste em um empreendimento dos mais simples. Nesse sentido, compreender suas etapas, os recursos e o quadro profissional envolvido é um requisito fundamental para o sucesso na área. Mais do que isso, administrar equipes torna-se imprescindível conforme um projeto se desenvolve. Portanto, são necessários uma boa estrutura administrativa e um sólido conhecimento dos processos. Estas questões serão foco de análise neste capítulo.

5.1 Dinâmicas do mercado

Quando um profissional de motion graphics tem a oportunidade de criar suas propostas visuais e narrativas, ele consegue realizar experimentações e descobrir outros caminhos. Existem diversos exemplos disso na história (Velho, 2008), mas o fato é que a grande maioria dos profissionais ocupa hoje postos na publicidade, em agências digitais, *startups* e empresas que usam as ferramentas de *motion* para incrementar sua comunicação com o público. Isso significa que a maior parte dos projetos segue demandas e propostas definidas.

Quando o motion designer precisa cumprir uma tarefa encomendada, seja como *freelancer*, seja como contratado, deve prestar mais atenção e satisfações ao cliente. Não raro, há mais profissionais envolvidos no processo.

No caso do cliente, é importante saber que ele não deseja demorar além do estritamente necessário em cada etapa do processo. Por isso, é muito importante para o profissional da área conquistar sua confiança com diálogos claros e simples, tomando o devido cuidado com o excesso de termos técnicos, além de ser eficiente em seus prazos e sempre ouvir o que o cliente tem a dizer.

Com a crescente profissionalização do mercado brasileiro, uma prestação de serviço de motion design não se concentra em apenas realizar uma peça de animação. A constante evolução tecnológica exige inovação em processos de manufatura e produz, ainda, uma gama crescente de produtos e serviços de multimídia e animação. O fator personalização também cresce, principalmente entre os grandes anunciantes, exigindo dos profissionais da área uma postura voltada para a gestão e a constante modernização de seus modelos (Marçal et al., 2017). Cada vez mais os profissionais desse segmento sentirão a necessidade de maior interação com o mercado e com a clientela.

5.1.1 Integração entre equipe e cliente

É muito importante que o profissional de motion graphics estude muito bem o produto ou serviço oferecido pela empresa que o contrata, a fim de saber qual é a proposta da peça a ser confeccionada. Uma arte em motion design não difere de qualquer outra peça publicitária quando o assunto é atingir uma audiência com uma mensagem. Logo, é importante interagir com o cliente, conhecer detalhes do público-alvo e estar integrado ao restante da equipe.

A participação do cliente no processo gera confiança e proximidade. Além disso, diminui a ansiedade deste, pois ele acompanha as etapas de perto. Desse modo, o próprio cliente passa a conhecer o processo e seus percalços. Esse acompanhamento também o ajuda a compreender e a valorizar o orçamento, os prazos e o contexto como um todo (Chiavenato, 2008).

Isso tudo permite que o cliente tenha uma ideia ampla de que a arte da animação não é um processo simples, mesmo com todas as ferramentas de tecnologia disponíveis atualmente. Afinal, como qualquer profissional da área sabe, todo aparato digital não é suficiente sem um artista inventivo e preparado tecnicamente.

Na relação com o cliente, o ideal é fazer uma proposta muito clara de como se dará a parceria. Nesse sentido, é aconselhável redigir um documento em que se informem todas as etapas de trabalho a serem desenvolvidas, com descrições, *storyboards,* testes, definição dos melhores formatos de entrega, datas de pagamentos e afins. Um contrato bem-amarrado, com direitos e obrigações de lado a lado, é um instrumento que deve ser composto com muito cuidado. Isso porque resguarda o compromisso entre as partes.

Obviamente, estar próximo ao cliente e mantê-lo a par dos processos não significa sobrecarregá-lo de informações. É claro que determinados passos de um projeto entrecruzam o atendimento e a produção de uma peça de *motion*. Isso é positivo para o cliente, pois, ao aprovar o resultado de cada etapa, evita-se ou reduz-se o retrabalho.

No caso específico da produção de uma peça de animação, cada fase é determinante para o que vem depois. Por isso, é importante encerrar com precisão cada uma delas. Finalizado o roteiro, é definido o *storyboard*, que, por sua vez, determina a fase do *animatic*, e assim sucessivamente. Isso, por si só, já corresponde a uma boa razão para alimentar uma interação próxima com o cliente (Chiavenato, 2008).

Idealmente, um projeto profissional de motion graphics deveria contar com uma estrutura muito ampla de profissionais, como administradores, redatores, *storytrellers*, animadores, *sound designers*, editores, ilustradores, diretores de criação e diretores gerais. Raramente, contudo, o mercado brasileiro apresenta tamanha estrutura, cabendo muitas vezes ao animador realizar todas essas funções. Portanto, apesar do crescimento da área, ainda existe uma necessidade de maior profissionalização do mercado.

5.2 Projeto de motion graphics

Um projeto de motion graphic compreende diversas etapas, que podem variar em sua ordem e complexidade. Tudo depende da maturidade da equipe, do tamanho e do escopo do projeto, das tecnologias, das verbas e dos prazos disponíveis, bem como dos métodos particulares do profissional.

Existem motion designers que trabalham sem processos mais organizados, o que não é recomendável. Em alguns casos, a urgência – fator comum no mercado – nem mesmo permite um processo mais elaborado. Entretanto, é importante exibir neste material todas as etapas possíveis, pois, em maior ou menor medida, todas elas contribuem para a excelência do trabalho. Isso porque são técnicas testadas e atualizadas com o passar do tempo, de modo que auxiliam na produção de peças bem-acabadas.

5.2.1 *Briefing*

Briefing é um termo de origem inglesa que significa "instrução" (Sampaio, 1997). Trata-se de uma das ferramentas mais importantes em um projeto audiovisual; por isso, é muito usada em *marketing*, publicidade e propaganda, administração de empresas e design. Consiste em um documento com informações que guiam um projeto, uma tarefa ou uma atividade.

Além disso, o *briefing* é um documento estratégico muito importante, pois, com base nele, é dado o pontapé inicial em uma atividade. Por isso, normalmente é subdividido em blocos de informação, tornando possível iniciar a reflexão pelos objetivos do projeto. Isso porque a compreensão dos objetivos para a criação de material visual deve ser bem-definida, tal que oriente a estratégia e deixe pouca margem para dúvidas (Sampaio, 1997).

Uma análise do público-alvo também deve constar no b*riefing*. Nesse campo do documento, define-se a quem será direcionada a criação. Para isso, é fundamental que se tenha uma base das características do público a ser alcançado, como classe social, faixa etária e demografia.

Aqui, referimo-nos às atividades de caráter mercadológico dos motion graphics. Por isso, é importante compreender a concorrência e o tipo de trabalho desenvolvido por ela, tal que um bom *briefing* deve conter detalhes sobre ela e sua atuação (Moreira, 1996).

Definir o orçamento garante segurança ao projeto. Com uma noção precisa do montante financeiro disponível, sabe-se até que ponto se pode investir, o que permite adequar as demandas visando a manutenção da qualidade.

Outro bloco de informações a ser inserido no *briefing* diz respeito aos prazos de cada etapa, os quais devem estar bem-delimitados. Isso dá ao cliente e à equipe de produção a dimensão do tempo de execução de cada tarefa. Logo, uma boa definição de prazos valoriza o investimento e otimiza o trabalho.

Todo projeto apresenta limitações, não apenas materiais, mas também de conceitos. Por isso, as objeções também devem ser bem-definidas, especificando o que não deve ser usado. Nesse sentido, é possível que haja restrições a determinadas cores, palavras, imagens, expressões que possam ferir o posicionamento da empresa. Desse modo, é preciso prestar muita atenção a possíveis pontos negativos que devem constar no *briefing* (Sampaio, 1997).

As referências são outro fator de suma importância no *briefing* e podem incluir textos, fotografias, produções anteriores, referências de mercado e, se existirem, materiais brutos como roteiros inacabados, filmagens e afins.

Em suma, a confecção do *briefing* é fundamental. Por isso, um profissional de *motion* não deve apressar-se nessa fase, pois toda a direção inicial do trabalho estará calcada nesse documento, que fornece subsídios para o desenvolvimento da peça. Dessa maneira, é importante estudar o assunto em questão, para um bom desenvolvimento do projeto.

5.2.2 **Pesquisa**

Parece um tanto lógico que a pesquisa seja a primeira etapa após o conhecimento do projeto, porém, curiosamente, ainda existem muitos profissionais que não a realizam. Uma boa pesquisa referente ao tema do projeto é um passo seguro e imprescindível para um resultado satisfatório.

Essa fase envolve responder a muitas perguntas, por exemplo: Qual é a demanda? A qual público potencialmente se destina? Explicações mais complexas da temática se fazem necessárias? Trata-se de uma marca ou um produto específico? Em se tratando de uma marca, deve-se estudá-la para compreender melhor sua identidade corporativa, sua missão, sua visão e seus valores – no caso, valores da marca e não preços de seus produtos. Nessa situação, é importante a interlocução com um representante da marca, no caso de eventuais dúvidas.

Além de uma boa análise de materiais desenvolvidos pela marca, é importante analisar peças de seus concorrentes. Ademais, deve-se compreender se os consumidores percebem claramente o posicionamento dela, como é sua presença *on-line* e qual é o nível de satisfação de seus clientes. Tudo isso é crucial para que o trabalho seja realmente profissional.

Portanto, essa etapa não deve ser negligenciada e cabe ao profissional de animação trabalhar com um especialista no assunto. Este pode realizar uma pesquisa de caráter primário, a qual é feita pela própria agência por meio de questionários. Além disso, uma pesquisa de caráter secundário pode ser valiosa, sendo, nesse caso, realizada por terceiros, como agências de pesquisa e *clipping*.

As fontes desses estudos geralmente são pesquisas acadêmicas e relatórios coletados por empresas privadas (Sampaio, 1997).

Nessa fase, outra pesquisa vital tem natureza técnica e visa encontrar o *software* certo para a realização do trabalho. Talvez sejam detectadas necessidades de novas ferramentas, *softwares* auxiliares ou *plug-ins*. Por isso, essa fase deve ser encarada com muita seriedade pela equipe.

5.2.3 Argumento

Toda história a ser narrada precisa de um ponto de partida. Essa ideia inicial pode surgir antes ou depois do *briefing*, de acordo com as informações fornecidas pelo cliente. Todavia, antes que uma ideia ganhe contornos, existe uma etapa anterior, uma "pré-ideia" que se desenvolve, um conceito, ou seja, um argumento. O documento em que esse elemento é expresso, mais tarde, se transforma em um roteiro. Trata-se de um documento menos rígido, sem tantas regras, trabalhando com as premissas iniciais (Shanasa, 2020).

5.2.4 Brainstorm

A tempestade de ideias, popularmente chamada de **brainstorm**, corresponde ao momento de reunião da equipe para que as ideias possam fluir. Por meio dessa livre associação, promovem-se cruzamentos de ideias. Criado por Alex Osborn (1888-1966), esse método consiste em uma reunião que segue algumas etapas, como a explanação do problema, o registro e a apresentação de ideias geradas pelos participantes, a organização das propostas em agrupamentos lógicos e o encerramento (Moreira, 1996).

Durante a reunião, os integrantes da equipe estão livres para expor suas propostas e todas devem ser registradas. É importante que todos tenham o mesmo tempo de exposição. As intelecções devem ser anotadas e dispostas em um local de fácil visibilidade. Também é fundamental o registro do maior número possível de ideias. Esse exercício do *brainstorm* abre, de forma excelente, novos caminhos criativos (Sampaio, 1997).

5.2.5 Seleção e definição de ideias

O processo de seleção costuma suceder ao *brainstorming*. Ideias duplicadas são as primeiras a serem otimizadas e, a partir disso, inicia-se um aprofundamento nas propostas selecionadas, com o fito de compreender e planejar as mais factíveis. Em alguns casos, as premissas do argumento confirmam-se; em outros, são completamente modificadas (Sampaio, 1997).

5.2.6 Pré-produção

Após as principais ideias passarem por avaliação e aprovação, inicia-se o processo de pré-produção, isto é, o momento de delinear com precisão a história a ser contada, as sensações a serem transmitidas e o estilo da produção. Isso tudo começa com uma reunião entre os diversos parceiros envolvidos no projeto.

A fase de pré-produção pode apresentar diferenças de acordo com cada projeto. Contudo, em geral, segue com as equipes de comunicação em contato com os diversos participantes, como redatores, roteiristas, gestores de comunicação e diretores do projeto. Também podem estar envolvidos os atores, os figurantes, os eventuais narradores e afins (Halas; Manvel, 1979).

Durante a pré-produção, os profissionais envolvidos alinham ideias e objetivos e ocorrem novos *brainstorms*, com o intuito de completar os conceitos apresentados e evitar furos na produção. Nessa fase, são coletadas as diversas demandas, as condições e os prazos de execução do vídeo.

5.2.7 Guião

Como abordamos, não existe uma forma única de se organizar um processo de *motion*. Em alguns casos, a equipe, antes de efetivamente desenvolver um roteiro, cria um documento denominado *guião*, o qual auxilia com regras gerais a concepção de uma peça.

Parte-se da premissa de que a grande maioria dos vídeos animados em *motion* são curtos (tendo entre 30 e 90 segundos). Dessa forma, o profissional dispõe de pouco tempo para a transmissão dos conceitos pretendidos. O guião se presta a indicar passos para responder perguntas originadas no *briefing*, como:

- Quem será o espectador do vídeo?
- O que se deseja ensinar ao espectador?
- Quais sentimentos se pretende transmitir?
- Qual será a estrutura de texto?
- Haverá narração?
- O *voiceover* (tom da narração) será sério, informal ou didático?
- Serão usados gráficos para demonstrar a informação?

Além dessas, diversas outras perguntas podem estar presentes no guião. Essa definição parte da equipe; logo, quanto mais numerosa ela for, maior será o documento. De toda forma, trata-se de uma excelente ferramenta de orientação (Shanasa, 2020).

5.2.8 Roteiro

Elemento importantíssimo, o roteiro é o grande guia da história. Isso porque ele detalha tudo devidamente de forma escrita: início, meio e fim, etapas e subetapas, contexto. Como um livro de contos, indica o cenário, as narrações, as falas dos personagens e a composição das cenas (Moreira, 1996). Trata-se do pilar central de qualquer peça publicitária, filme, curso em vídeo, série ou narrativa visual. Existe inclusive um ditado sobre isso: "É possível fazer um filme ruim com um roteiro bom, mas produzir um filme bom com roteiro ruim é impossível" (Shanasa, 2020, p. 37).

Para um profissional da animação, é importante estudar técnicas de roteiro, visto que, no mercado brasileiro, esse ainda é um diferencial, considerando-se que boa parte dos animadores se preocupa somente com a manipulação de *softwares*. Técnicas de roteirização tornam o trabalho mais maduro, habilitam o animador a discutir ideias com o cliente com propriedade e fornecem uma visão mais ampla do projeto (Shanasa, 2020).

Um roteiro faz uso de padrões semânticos que possam ser reconhecíveis pelo espectador, como arquétipos de comportamento. Além disso, deve possibilitar a compreensão da sucessão de eventos e elementos, para que o usuário estabeleça conexões mentais e se familiarize com a estrutura narrativa.

Nesse campo, existem as chamadas *estruturas clássicas*, cujo sentido já foi devidamente absorvido pelo público com o passar dos anos. Se nos referimos a peças comerciais de publicidade, é interessante que a comunicação seja facilitada, pois isso influencia a decisão de compra. Empregar padrões estabelecidos pode tornar a narrativa previsível, pois estes são utilizados desde o cinema clássico de Hollywood. Não obstante, há um alto aproveitamento dessas técnicas em peças de *motion* que utilizam as técnicas de *storytelling* típicas da publicidade. Entre esses padrões de história, os mais recorrentes são:

- A Jornada do Herói
- A missão, a viagem ou a aventura
- Vinda de idade ou descobrir-se
- Triunfo pessoal
- Eventos/fatos históricos (Shanasa, 2020, p. 38)

Um roteiro deve ser claro e didático, e toda a equipe deve lê-lo e segui-lo com diligência. Caso alterações se façam necessárias, os responsáveis precisam ser consultados e a modificação deve constar para todos. Para isso, é cada vez mais comum que roteiros digitalizados sejam utilizados pelas equipes, por conta da facilidade de atualizá-lo.

5.2.9 *Concept art* (Artes conceituais)

A *concept art* nem sempre está presente na produção de filmes curtos, mas é bastante recomendada. O processo ocorre da seguinte forma: com base no roteiro que determina os conceitos centrais de uma peça de animação, as equipes de arte trabalham com desenhos conceituais que visam esclarecer a mensagem pretendida. Nesse caso, as ilustrações devem apontar para o padrão estético desejado antes de o filme ser produzido.

Por exemplo, se uma história tem de ser desenvolvida em um cenário futurista de ficção científica, o *concept artist* deve representar graficamente esse universo. Além disso, preocupações técnicas, como a reprodução do vídeo em diferentes telas, devem estar no horizonte desse profissional (Moreira, 1996).

5.2.10 **Moodboard**

Também chamado de *painel semântico*, o *moodboard* é uma junção de imagens produzidas pela equipe de arte que serve de guia para o conceito visual de um projeto qualquer. Essa técnica costuma ser aplicada depois de a equipe dispor de mais referenciais sobre o cliente. Após esse primeiro direcionamento, as imagens são criadas e o *moodboard* é apresentado ao cliente antes de o processo de criação de fato acontecer. O contratante, então, avalia o material e confirma ou não se este está no caminho certo a ser seguido. Essa etapa é relativamente rápida e é muito interessante para direcionar demandas (Halas; Manvel, 1979).

Recomenda-se que um *moodboard* inclua todos os elementos visuais possíveis – cores, texturas, estilos de ilustração, tipografia, fotos, formas –, e que estes estejam devidamente organizados para compreensão da equipe e dos clientes (Shanasa, 2020).

Para um melhor aproveitamento, alguns cuidados e atitudes são necessários, como:

- Manutenção de um padrão de qualidade e unidade visual.
- Construção sem radicalismos, com referências que pareçam úteis, e posterior avaliação.
- Para que as ideias possam ser arejadas, o *moodboard* deve ser deixado de lado em alguns momentos, com a confecção sendo retomada depois de um tempo. Essa pausa é importante para a geração de novas propostas.

Uma vez que o processo foi encerrado, as referências devem ser organizadas de acordo com sua coerência visual e sua estrutura narrativa.

5.2.11 Elaboração do *storyboard*

Uma das fases mais importantes de um projeto de motion graphics é o *storyboard* (Figura 5.1). Trata-se de uma sequência de desenhos estilizados e organizados quadro a quadro, na qual se simulam as cenas do vídeo. O esquema é bastante similar a uma história em quadrinhos. Nessa sequência, objetiva-se demonstrar em detalhes o encadeamento da narrativa (Sampaio, 1997).

Em projetos de comunicação visual animada, essa ferramenta é amplamente utilizada em produções de *motion*, filmes e *videogames*. O *storyboard* também é excelente para estabelecer o ritmo e o tempo de duração da peça, facilitando o trabalho de sincronização entre elementos narrativos como imagem e sonoridade. É interessante ressaltar que não existe necessidade de acabamento preciso ou finalização dos desenhos, sendo o papel narrativo o mais importante (Moreira, 1996).

Nesse contexto, são contemplados elementos que indicam as movimentações na área de cena, a direção de entrada e saída de personagens e outros componentes, os posicionamentos e ângulos de câmera, a presença de cortes, o tempo de cada tomada e diversos outros detalhes que contribuem para a execução e edição do projeto (Halas; Manvel, 1979).

A grande busca por vídeos na internet por si só mostra a importância de um bom *storyboard*, uma vez que o crescimento de peças de animação é exponencial, sendo cada vez mais difícil uma sobressair entre as demais. Isso também ocorre em mercados, como os de *marketing* digital e de conteúdo, com crescente emprego de animações, para apresentações de produtos, anúncios de cursos ou serviços, entre outros.

A produção de um *storyboard* ainda é bastante manual para alguns artistas. Porém, existem *softwares* que auxiliam nesse processo, como o Adobe Photoshop, o Toon Boom Storyboard Pro e algumas opções gratuitas, como o Storyboarder e o Plot. Há também *websites* com ferramentas úteis.

Figura 5.1 – *Storyboard*

5.2.12 Elaboração do design

As artes conceituais e *storyboard* podem indicar os padrões visuais de como a peça de animação ficará após finalizada. Já o design é a etapa que edifica o que foi concebido e planejado. Nesse sentido, padrões de cores, estruturas, perspectiva, proporção, figura/fundo e demais elementos são finalmente criados para dar um aspecto plástico à mensagem do vídeo.

Obviamente, um bom projeto visual combina formas, estilo e cor com a história. Se a peça é autoral, existe mais liberdade de criação. No entanto, caso esteja vinculado a uma marca, produto ou serviço, as diretrizes devem ser respeitadas, pois qualquer desvio na linguagem pode influenciar de maneira significativa o resultado final e, consequentemente, o impacto pretendido na audiência.

Na fase de elaboração do design, o acompanhamento do que foi proposto no *storyboard* necessita de uma grande aproximação. Isso porque, a partir desse ponto, o que for criado estará presente nos processos finais da animação.

Além disso, nessa etapa, o investimento em tempo é vital e os detalhes são conferidos mais rigidamente. A intenção é que tudo esteja absolutamente correto. Nesse sentido, é recomendável a produção de notas com apontamentos para futuras revisões que venham a ser necessárias. É comum que a equipe de animação tenha dúvidas antes da produção em si e da edição final, o que torna essas anotações importantes.

5.2.13 **Animatic**

Na fase de *animatic*, acrescentam-se diversos elementos de composição, mesclam-se técnicas de computação gráfica, imagens, ilustrações, elementos de animação vetorial e composição de formas, sons e sincronização. Tudo isso é montado com o intuito de demonstrar a peça antes de sua finalização.

O *animatic*, embora não seja o último processo, costuma ser bastante fiel aos objetivos finais. Com a análise do que é apresentado, a margem de erro é bastante reduzida. Em processos mais maduros, o investimento em tempo para a realização do *animatic* tem-se mostrado compensador, pois gera economia na fase de finalização (Halas; Manvel, 1979).

Diferentemente do *storyboard*, que pode ser visualizado de forma estática em pranchas e folhas de papel, um *animatic* necessita de um equipamento multimídia para que sua observação seja possível. Essa não é a única diferença entre ambos, há também questões de custo e prazo, sendo o *storyboard* mais barato. No entanto, no *animatic* – por sua maior abrangência em termos de mídia –, músicas e narrações podem interagir com as imagens, oferecendo uma noção muito mais ampla da duração da filmagem e do posicionamento dos elementos nesse contexto.

O uso do *animatic* está em expansão nas motion graphics. Essa técnica inseriu grandes inovações no mercado de comerciais, o que ocasionou o aumento da demanda por artistas responsáveis pela confecção de *storyboards* e *animatics*.

5.2.14 Produção

O trabalho e o tempo dedicados nas fases anteriores devem culminar na produção. Logo, nesta, deve haver uma criteriosa verificação dos estágios anteriores, pois o retorno a alguma dessas fases implica gastos e retrabalho.

Na produção, todos os elementos que comporão o resultado são unidos, tal que a visão precisa voltar-se ao futuro, isto é, cada fase deve vislumbrar a seguinte, de modo que as ligações entre elas sejam harmoniosas. Nesse momento, o guião costuma ter grande importância. Também é fundamental que cada ação seja realizada com muita precisão e segurança.

A seguir, apresentamos uma lista, para ser apreciada com critério, de alguns fatores que sustentam uma boa produção.

Estilo narrativo da peça de animação

A coesão de elementos como transições entre cenas, planos, personagens e ações é vital para a narrativa. Pontos de virada, desligamento de cenas e mudanças de pontos devem ser observados, pois é preciso manter o dinamismo para que a audiência permaneça interessada (Shanasa, 2020).

Timing

A velocidade e suas variações influenciam muito na dinâmica de uma peça de motion graphics. Cada momento exige uma velocidade de ação que acompanhe a mensagem. Dessa forma, o profissional de animação deve ter sensibilidade para trabalhar esse aspecto, uma vez que se trata de um enorme fator emocional em uma peça animada.

Uso de música

O que dizer sobre a força de uma canção bem-posicionada em uma peça animada? Quantas canções inseridas em filmes de animação ou criadas especialmente para estes foram imortalizadas? *Toy Story* (1995) e *Mogli* (1967) contêm excelentes exemplos de músicas originais. No caso de obras como *Shrek* (2001), há canções *pop* brilhantemente adaptadas. Um sem-número de comerciais da publicidade tiveram seus *jingles* imortalizados. Logo, esse é um fator muito importante, sendo uma das grandes preocupações de processos de pós-produção.

Efeitos sonoros

Não apenas a música exerce um papel preponderante na narrativa de filmes animados. Os efeitos sonoros são também de suma importância, na manipulação de aplicativos, nas redes sociais, ou, ainda, em *videogames*, nos quais esses efeitos são, sem dúvida, uma obrigação que enriquece a semântica.

No caso de peças curtas de *motion* ligadas à publicidade, existem produtores que minimizam sua importância, enquanto outros consideram uma obrigatoriedade. Assim, cabe a cada projeto julgar o quanto os efeitos sonoros agregam valor à mensagem (Shanasa, 2020).

5.2.15 *Renderização*

Tecnicamente, o processo de *render* faz parte tanto da produção quanto da pós-produção. A renderização corresponde ao processamento de material visual e auditivo, transições, legendas, efeitos e filtros em estado bruto e separados em camadas distintas. Esses arquivos são compilados em um resultado final de arquivo único, compactado e pronto para ser utilizado pelo usuário.

Unificar todas essas camadas leva tempo e exige processamento de máquina. Isso pode durar de algumas horas até dias. Essa velocidade passa por algumas qualificações. Vejamos algumas delas, a seguir.

Renderização em tempo real

Muito presente em animações para *videogames*, a técnica de *render* em tempo real trabalha com o processamento de informações e arquivos em velocidades bastante elevadas. Esse processo ocorre durante a partida de um jogo qualquer, no caso dos *videogames*, e, por isso, oferece ao usuário prévias praticamente simultâneas dos gráficos renderizados no momento.

Esse estilo é mais indicado para os jogos, porque não há um ambiente controlado. Cada jogador pode estar em um local diferente. Em todos os casos, imagens serão renderizadas automaticamente em ação simultânea com o usuário (Shanasa, 2020).

Renderização *off-line* ou pré-renderização

Na renderização *off-line*, a relação com a velocidade não é a mesma que na em tempo real. Nesse caso, é possível prescindir de uma *performance* altamente veloz. Desse modo, o processamento dá-se diretamente na CPU (unidade central de processamento) com auxílio da memória e da placa gráfica.

Projetos de animação em 3D ou com plantas arquitetônicas e edições de áudio e vídeo utilizam comumente a renderização *off-line*. Nessa modalidade, existem três áreas de aplicação:

1. **Renderização de vídeo:** essa modalidade combina elementos de vídeo, áudio, animação e efeitos, iniciando com a mesclagem dos arquivos brutos, somando-se a eles eventuais efeitos visuais, legendas etc. Existem casos em que ocorre uma pré-renderização. Nessa situação, o arquivo final apresenta uma qualidade mais baixa, mas suficiente para o alinhamento de itens que impactam o resultado. O tempo da renderização de vídeo pode variar de alguns segundos a várias semanas, de acordo com os elementos que estão sendo agrupados, da resolução

das imagens e da duração dos vídeos. Assim, um vídeo curto e com poucos efeitos digitais pode ser renderizado em minutos ou, no máximo, horas; já uma animação mais longa pode ter seu processo de *render* estendido a semanas, exigindo uma estrutura de *hardware* com alta capacidade processamento.

2. **Renderização de arte 3D**: esse tipo de projeto, com uso de imagens em três dimensões, explora a criação de modelos desenvolvidos como simulações de formas, que podem seguir escalas próximas a de objetos reais. Normalmente, nesses modelos se aplicam texturas, iluminação nas superfícies ou efeitos de *morph*. Pela própria natureza das imagens em 3D, o poder de processamento deve ser minimamente razoável. Aplicativos dedicados a essa edição, quase sempre, contam com ferramentas de renderização em tempo real, podendo realizar uma pré-renderização. *Softwares* de edição 3D exigem processamento rápido, memórias ampliadas e bom desempenho da placa gráfica, que deve ser dedicada.

3. **Renderização de áudio**: as similaridades entre os processos de renderização de áudio e vídeo residem no fato de ambos permitirem a inserção de diversos efeitos no processo de edição. Projetos de áudio mais curtos podem ter sua renderização em tempo real; já em projetos longos ou com muitas faixas e efeitos, a renderização leva muito mais tempo.

Como afirmamos, o processo de *render* é comum nas fases de produção e pós-produção, uma vez que, de tempos em tempos, a peça em forma de vídeo precisa ser renderizada e seus detalhes conferidos para mudanças com vistas a melhorar sua *performance*.

Trata-se de um processo complexo, que exige também profissionais especializados (Shanasa, 2020).

Todas essas etapas da produção são muito delicadas e demandam enorme atenção das equipes envolvidas. Isso porque ocupam um tempo considerável, o que pode causar ansiedade no cliente. Por isso, recomenda-se que este continue acompanhando o processo nessas fases mais avançadas e longas.

No mercado, essa atividade de acompanhamento é conhecida como *working in progress* (WIP), ou seja, a progressão do trabalho. De tempos em tempos, os responsáveis pelo projeto podem enviar ao cliente prévias que o mantenham a par da fase em questão. Por sua vez, este pode aprovar cada uma as etapas até a finalização do trabalho.

5.2.16 **Pós-produção e *sound design***

Na pós-produção, aprimora-se o trabalho. Nesse momento, efeitos posteriores, como seleção e decupagem, tratamentos de imagem e correções de cor, música e efeitos sonoros, são determinantes para o resultado.

Nessa etapa, incluem-se diversas subfases. Uma das mais importantes é a **sonorização**, que confere alma a uma peça de animação digital. Junto ao animador, um novo profissional efetivamente entra em cena: o *sound designer*.

Uma boa sinergia entre o motion designer e o *sound designer* garante trabalhos memoráveis. A tarefa de conceber e criar a sonoridade em uma cena, que pode se dividir entre efeitos, trilha sonora e sincronização das falas, é um trabalho que exige, ao mesmo tempo, conhecimento técnico e sensibilidade artística. Comparativamente, aquilo que um profissional de imagem faz para o olhar o *sound designer* faz para os ouvidos.

No mercado brasileiro, apesar da expansão da atividade, ainda é comum que os profissionais de motion design também se responsabilizem pela sonorização das peças. Essa situação está longe do ideal, pois o trabalho de sonorização exige uma *expertise* muito distinta do trabalho do animador. Embora sejam complementares, as funções demandam visões diferentes na criação, muitas vezes obrigando o motion designer a recorrer a pacotes de efeitos sonoros disponíveis em *sites* especializados – como acontece como bancos de imagem – e usar uma trilha sem originalidade. Um profissional gabaritado de *sound design* atua na criação genuína de sons, provendo ao projeto uma identidade, além de coesão e atmosfera únicas.

Outra tarefa da pós-produção compreende os processos de **seleção** e **decupagem**, isto é, a seleção dos melhores *takes* e sequências. Essa escolha de cenas pode ser contemplada em roteiro, ou, ainda, ser composta ao longo do processo caso alguma lacuna seja percebida. As particularidades de trechos distintos do filme são analisadas e registradas para eventuais alterações. O documento que guarda esses registros denomina-se *minuta de decupagem* e é caracterizado por sofrer muitas alterações no decorrer do processo. Normalmente, divide-se em dois tópicos: (a) o cabeçalho, no qual constam o modelo de roteiro, as numerações das cenas e as divisões de tempo; e (b) os números de tomada, com descrições detalhadas das modificações e do que deve ser realizado (Shanasa, 2020).

Os **tratamentos de imagem** e as **correções de cor** também são importantes. Em diversos momentos, principalmente se a equipe de design for numerosa, a montagem revela variações de cor que podem comprometer o resultado visual, sendo necessárias ações que tornem mais homogêneas todas as cenas e sequências. Normalmente, programas de edição apresentam esse tipo de ferramenta, sendo os ajustes mais comuns os de exposição, brilho e sombras, contraste, ruído de imagem e balanceamento de branco e tons de cinza.

5.2.17 **Finalização e edição**

Um profissional que muitas vezes passa despercebido, porém é de suma importância, é o editor de animação. Normalmente oriundo da edição de vídeo, participa de produções mais profissionais de motion graphics.

As cenas de uma peça de animação digital, depois de escritas, compiladas em um *moodboard*, testadas no *storyboard*, experimentadas na pré-animação do *animatic* e, por fim, encerradas, têm no editor muito mais do que alguém que apenas junta suas partes.

Ao lado do *sound desinger*, esse profissional define toda a atmosfera de uma peça de animação. A edição é determinante para a forma final do filme, sendo também, como as outras fases, um processo colaborativo (Shanasa, 2020).

Como acontece com outras carreiras, o editor de animação apresenta uma bagagem bastante específica e o mercado brasileiro ainda não absorveu totalmente esse perfil de profissional. Mais uma vez, no Brasil, cabe ao animador desempenhar essa tarefa, o que empobrece esse processo. Isso porque, nessa situação, normalmente há um desconhecimento acerca de truques que poderiam enriquecer o trabalho. Por isso, muitas peças de animação ainda têm um aspecto muito genérico, com estruturas de montagem bastante simples e diretas. Em muitos casos, nem mesmo existe uma montagem. No entanto, conforme o mercado amadurece, a consciência por equipes especializadas cresce e a profissionalização impõe-se (Sampaio, 1997).

5.3 Animações em 2D e 3D: diferenças e vantagens

O mercado de animação fascina, cresce e apresenta sempre novas possibilidades. Nesse sentido, o uso de formas em movimento para a narração de histórias, apresentação de produtos ou simples entretenimento prende multidões desde seu surgimento, no século XIX.

Com o passar do tempo e a evolução tecnológica, as animações foram das pequenas salas para as grandes telas, e destas para os computadores, os *tablets* e os *smartphones*. Além disso, assumiram formas variadas, das grandes narrativas às rápidas vitrines que buscam influenciar na decisão de compra dos consumidores.

As animações, a despeito de seu grande poder de atração, ainda oferecem, como um todo, vantagens competitivas que, para empresas de menor orçamento, são uma excelente alternativa diante de um mercado cada vez mais acirrado. Com uma animação, é possível criar narrativas que antes só seriam possíveis com o uso de atores e *sets* em produções de custo elevado. Personagens animados têm alto poder de cativar a audiência, e diversos outros elementos podem compor uma peça de animação. Alguns exemplos são gráficos animados, textos, passagens de cores e alteração dos cenários. Enfim, as possibilidades são inúmeras e, atualmente, as animações em 2D e 3D convivem em diferentes dispositivos e disputam a atenção do público. Ambas apresentam características diferenciais e, obviamente, vantagens.

5.3.1 Animações em 2D

A animação em 2D é caracterizada por uma perspectiva plana. Costumeiramente sua visualização pela audiência ocorre de um ângulo singular e as dimensões percebidas – truques de luz e sombra podem auxiliar nesse sentido – são altura e largura.

Sua vantagem está na rapidez na confecção, nos menores custos de produção e na renderização mais rápida. Isso tudo sem perder sua ludicidade, pois permite utilizar personagens, abusar nas cores e trabalhar a velocidade e a narrativa. Viabiliza também uma criação mais veloz, inclusive de séries de vídeos, permitindo uma produção em maior escala a respeito de um único produto ou serviço.

5.3.2 Animações em 3D

As **animações em 3D** apresentam o mesmo poder de narrativa e encantamento das em 2D, porém com um potencial de imersão maior, pois sua profundidade complementa as dimensões de altura e largura. Por isso, existe uma captação maior de detalhes, texturas, cores, além de um leque maior de ângulos possíveis para os usuários. As artes em 3D são excelentes para um maior detalhamento de produtos e podem simular seu uso. As consequências desse detalhamento são uma demanda mais acentuada por tecnologias, um período mais longo de produção e os custos mais elevados.

Ambas as modalidades são interessantes. Por isso, para adotar a modelagem 2D ou 3D, um projeto deve pesar seus objetivos e compreender qual das possibilidades tem melhor potencial para entregar ao usuário a mensagem de forma eficaz.

Neste capítulo, verificamos fases, etapas e subetapas de um projeto profissional de motion graphics. Cada projeto, no dia a dia, molda a forma como essa rotina acontece.

Foi importante conhecer a complexidade dos processos envolvidos. Ainda apresentaremos, no Capítulo 6, mais detalhes sobre organização de documentos, tecnologias e *softwares* relacionados a essas etapas.

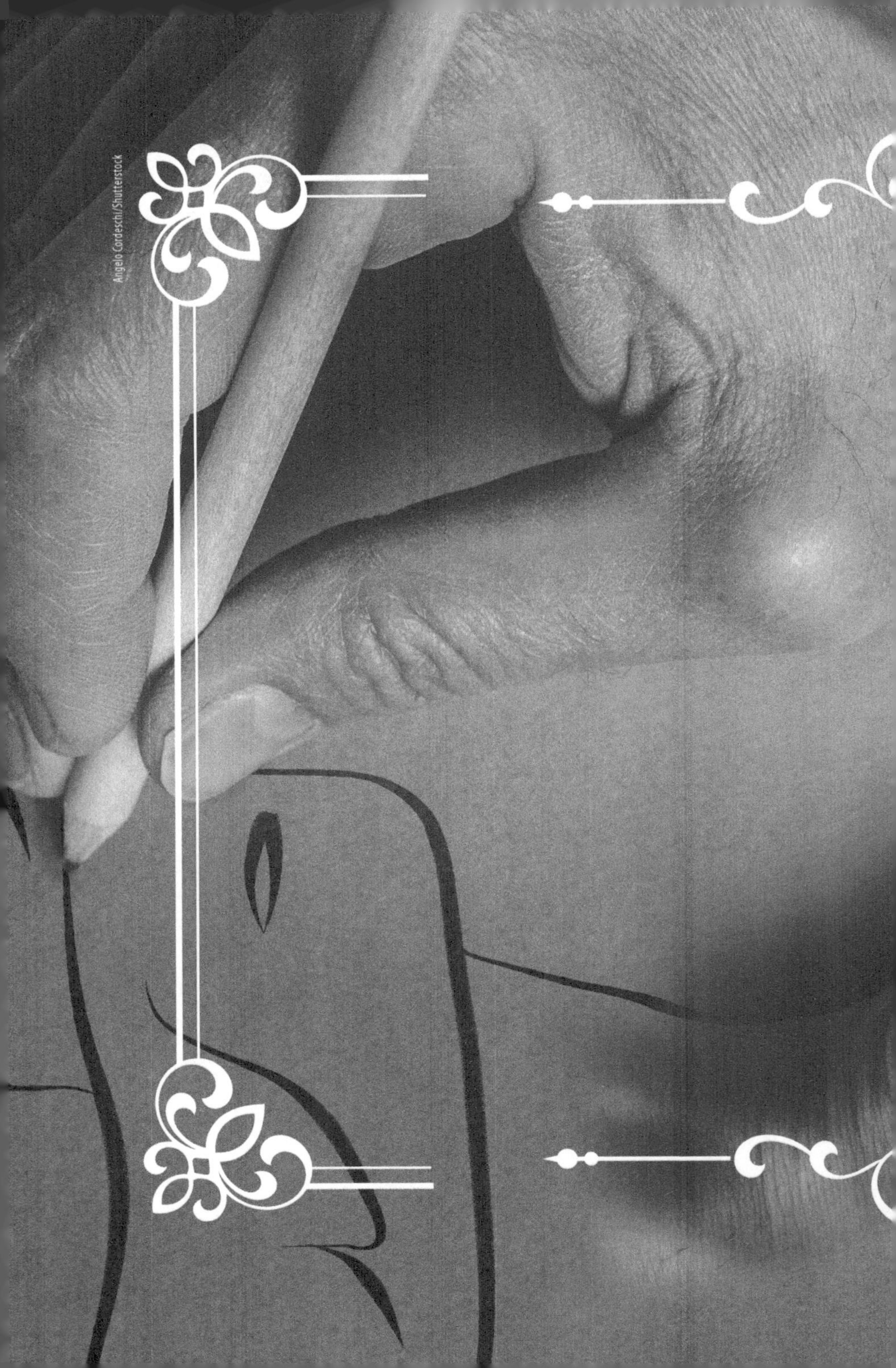
Angelo Cordeschi/Shutterstock

CAPÍTULO 6

TÉCNICAS, ANIMAÇÕES, *SOFTWARES* E FLUXO DE TRABALHO EM MOTION GRAPHICS

No mercado de motion graphics, há uma grande quantidade de recursos tecnológicos. Dessa forma, o profissional tem diariamente contato com um leque muito amplo de *softwares*, *plug-ins* e motores de renderização. Alguns são bastante populares; outros, embora excelentes, não são tão conhecidos. Por isso, é vital para o motion designer conhecer um panorama geral de diversas tecnologias disponíveis. Nesse sentido, algumas se tornaram tão populares que se constituíram em padrão de mercado. Já outras são consideradas tecnologias auxiliares, para um suporte mais amplo.

Na vida de um profissional desse segmento, arte e tecnologia caminham lado a lado. No entanto, não se deve perder de vista a gestão dos projetos que, a cada dia, exige mais profissionalismo de animadores e agências. Isso porque todos os atuantes desse mercado e os que desejam ingressar nele irão gerenciar projetos e tomar decisões. Para tanto, precisarão lidar com as diversas partes em execução sem perder de vista as limitações financeiras e técnicas. Essas limitações estão expressas em plataformas, *softwares* e métodos, que serão explorados neste capítulo.

6.1 Técnicas de animação

Durante a história da animação, como observamos em capítulos anteriores, diversas técnicas foram desenvolvidas, acompanhando o avanço tecnológico. A seguir, especificaremos quais são as mais utilizadas no universo dos motion graphics.

6.1.1 *Keyframes*

Também chamados de *quadros-chave*, os *keyframes* são um sistema muito disseminado entre editores de vídeo e animadores atuantes. Essa técnica se baseia em pontos, localizações na **timeline** (linha do tempo), que marcam o início e o final de uma animação (Shanasa, 2020).

Em programas de edição, a *timeline* é marcada com quadros--chave, em que são registrados os *keyframes*. A posição de cada um é indicada por um número, na vertical ou na horizontal, com base na diferença entre um estado inicial e um final. No intervalo entre esses dois pontos, ocorre a evolução da animação. Os *keyframes* podem marcar mudanças de direção, rotação, escala, transparência e afins (Shanasa, 2020).

Existem alguns tipos específicos de *keyframes*:

- **Linear**: como o nome sugere, nesse tipo, há uma evolução simples de um objeto que sai de um ponto *A* para um ponto *B* sem variações na velocidade.
- **Contínuo**: trata-se de uma pequena continuação do processo linear, que não se limita a dois pontos, mas avança para mais *keyframes*. Há mais variações de velocidade, *morph*, degradê, porém ainda com uma estrutura simples de movimento.
- *Eases*: esse estilo aprofunda as variações de velocidade e mudança, conferindo uma maior dinamicidade ao projeto. Utiliza implementos como o *ease in*, o *ease out* e o *ease ease*. No primeiro, o movimento inicia-se veloz, desacelera pela *timeline* até terminar vagarosamente. O segundo atua de forma contrária,

com o movimento iniciando devagar e acelerando pela *timeline*. O terceiro, por sua vez, mescla ambos, com acelerações e desacelerações alternadas pelo trajeto da animação.

- **Toggle hold** ou *hold*: esse estilo é baseado em um fenômeno chamado *interpolação*. Entre um *frame* inicial e um final da animação, há um espaço que realiza uma transição entre os dois pontos. Consideremos o caso, por exemplo, de um círculo caminhando na tela; ele parte de um *keyframe* em um ponto *A* para um ponto *B*. No intervalo entre os pontos, a interpolação faz a transição. O *toggle hold* não permite, justamente, que tal transição aconteça, fazendo a animação trabalhar aos saltos, de forma mais brusca (Shanasa, 2020).

6.1.2 Procedural

O estilo procedural requer do animador conhecimentos de programação ou parceria com um programador. Isso porque é muito baseado no uso de fórmulas, cálculos e funções implementadas manualmente na animação. Os *keyframes*, nesse caso, sofrem a interferência de **scripts de programação**, muito utilizados na animação de personagens e no segmento dos *videogames*.

A maioria dos movimentos de personagens fazem parte de bibliotecas de programas. Em produtoras de grande porte, eles podem ser escaneados com o emprego de trajes de captura – roupas com sensores de movimento atrelados a leitores. De toda forma, as animações, em grande parte, são compostas por recursos predefinidos. Quando existe a necessidade de aprimorar os movimentos e torná-los mais realistas, fluidos ou dinâmicos, as técnicas procedurais são aplicadas com cálculos que simulam leis da física. Por exemplo, a simulação da água já existe em bibliotecas, mas *scripts* de programação podem ser inseridos para tornar seus movimentos mais realistas e mais próximos da dinâmica de fluidos.

6.1.3 Animação física

As animações físicas, em parte, conectam-se à técnica procedural. Em sua essência, estão as *ragdoll physics*, que são fundamentadas na ideia de que movimentos de personagens podem ser simulados fisicamente. Isso significa replicar processos e restrições físicas que governam o corpo humano, aproximando a dinâmica de comportamentos mais realistas. Corpos humanos nessa técnica conectam cada membro com articulações que reproduzem graus semelhantes a um corpo real. Embora se aproximem das procedurais, as animações físicas utilizam mais *templates* disponíveis em bibliotecas de *scripts*, com um grau menor de interferência manual.

6.1.4 Cinemática inversa e cinemática direta

Também ligadas às técnicas procedurais, a cinemática inversa (IK, sigla para o termo inglês *inverse kinematics*) e a cinemática direta (DK, do inglês *direct kinematic*)representam uma espécie de etapa final no caso de um processo desse estilo. Às vezes, forçam uma transcendência da física, uma vez que utilizam corpos animados rigidamente dentro de um mecanismo com movimentos prontos, levando em consideração gravidade e massa.

Quando se deseja fugir desse mecanicismo, as intervenções típicas da animação procedural podem, com a IK, desempenhar uma variedade maior de atributos. Cálculos mais complexos interpretam uma dada ação projetada e a DK age buscando a forma mais prática e fluida de realizar a ação.

Por outro lado, é possível atribuir ações que interferem no andamento da animação em qualquer ponto de seu trajeto. Objetos com *scripts* de controle centrais podem interferir em objetos auxiliares na cena. Nesse caso, a DK trabalha em forma de cascata, em método descendente, por meio de "objetos-pai", que interferem diretamente no comportamento de "objetos-filho".

6.1.5 Animação comportamental

Atuando por meio da busca de efeitos animados que confiram identidade aos personagens, a animação comportamental está ligada a intenções narrativas. Nesse caso, o animador deixa de ser apenas um ente que dispõe em certa ordem elementos técnicos e assume, também, o papel de diretor, conferindo aos personagens tarefas e conhecimento, em certos casos com a presença de inteligência artificial.

Esse estilo foi desenvolvido nos trabalhos de Craig Raynolds (1953-), que introduziu modelos cibernéticos de comportamento animado simulando manadas e cardumes. No filme *O Rei Leão* (1994), o estouro de animais foi realizado com essa técnica (Coutinho, 2020). Pouco mais tarde, Jane Wilhelms aprofundou esse modelo introduzindo sensores de detecção de condições ambientais, aproximando esse tipo de animação da robótica e da inteligência artificial. A premissa é que um ser vivo não realiza tarefas da mesma forma duas vezes; portanto, uma animação orientada a tarefas deve seguir as mesmas condições.

Com base nas premissas iniciais, que definem as regras do ambiente e do comportamento dos objetos, os "atores", aos poucos, respondem às mudanças ambientais. Essas mudanças podem ser implementadas aos poucos por programas ou podem, simplesmente, acontecer. A própria movimentação acontece em função das condições dos objetos ao redor, os agentes são autônomos, são *smart objects* (objetos inteligentes) de comportamento refinado.

Nesse campo, é possível destacar experiências de aquários virtuais que têm sido bem-sucedidas. Os peixes virtuais são inseridos no ambiente com uma programação básica e "aprendem", progressivamente, como agir de acordo com as próprias interações ambientais. Ainda de pouco uso publicitário comercial, esse modelo de animação está, aos poucos, ganhando o mercado, sendo mais presente em *videogames* com interações baseadas em inteligência artificial.

6.1.6 Animação baseada em *performance*

Por meio da gravação de ações empreendidas na vida real, a animação baseada em *performance* pode retirar movimentos de vídeos ou dispositivos de captura de posição e orientação espacial (orientação magnética). Dessa maneira, extrai a *performance* por meios óticos, magnéticos e espaciais, convertendo em derivações 3D e promovendo modificações na animação quando necessário.

A captura de movimentos é amplamente utilizada no cinema, nos *videogames*, nos desenhos animados, nos ambientes virtuais de imersão, na internet e, até mesmo, na medicina. Entretanto, ainda é pouco empregada em animações publicitárias e para a *web*. Para a execução desse tipo de animação, são necessários mecanismos de captura de expressões conhecidos como *box modeling* e *patch*, as quais, embora sejam técnicas distintas, normalmente geram resultados iguais.

O *box modeling* parte de uma forma básica, como um cubo ou esfera, que será modelada até alcançar o molde final. Já o *patch* se associa a formas geométricas 2D, com o uso de uma imagem que serve de guia, alcançando uma resultante 3D. Nesse caso, utilizam-se métodos estereoscópicos (baseados em fotos) ou, ainda, escâneres.

Ambos os métodos, por seu caráter automatizado, apresentam vantagens quanto ao processo de modelagem. Em contrapartida, exigem equipamentos custosos e algoritmos complexos. Quanto às modalidades, destacam-se:

- parametrizados, isto é, moldes com especificações pré-definidas (Parke, 1982);
- modelos de ponto de controle, no qual pontos de origem na captura e na animação influenciam outros, em uma estrutura de pai e filhos (Kurihara; Arai, 1991);
- modelos musculares com uso de *kinematic*, isto é, o processo cinemático (Walters, 1987);
- modelos de captação *spline*, ou interpolação (Nahas et al., 1990);

- modelos de rastreamento (Williams, 1990);
- modelos musculares dinâmicos, ou seja, o escaneamento de estruturas musculares para a animação (Platt; Badler, 1981).

Outro método bastante adotado nessa modalidade é o sistema por *motion capture* que utiliza diversas fontes captadas por câmeras e, posteriormente, enviadas a um ambiente de *software* que trabalha os dados (Somasundaram, 2005). Além disso, a estereoscopia é amplamente difundida. Esta se fundamenta no sentido de visão humano e busca reproduzir a sensação de profundidade. O método estereoscópico realiza uma avaliação de dois quadros idênticos sincronizados. Os quadros são unidos por cálculos que projetam em um *software* a superfície captada que será animada posteriormente.

O grau de fidelidade dos métodos citados nesta subseção é muito convincente.

6.1.7 *Visual effects* (efeitos visuais)

Cidades futuristas, dragões voadores, naves manobrando pelo cosmos em batalhas galácticas, ambientes distópicos que formam mundos ou situações fictícias com um grande grau de realidade são comuns no cinema e nos *videogames*. Além disso, estão presentes em filmes publicitários e alcançam peças visuais de curta duração nos *smartphones*. Isso tudo é construído graças às tecnologias de *visual effects* (VFX), isto é, efeitos visuais.

Nas técnicas de VFX, imagens criadas por computação gráfica (CGI) compõem, manipulam ou aprimoram imagens reais captadas por câmeras de vídeo, na elaboração de ambientes e contextos mais realistas (Somasundaram, 2005).

O *chroma key*, por ação do que é conhecido como *fundo verde*, possibilita a criação de cenários variados por meio da computação gráfica (CG). Além disso, sua combinação com **pontos de captura** e *bullet times* é bastante aplicada na área de VFX (Shanasa, 2020).

Há certa confusão a propósito da diferença entre **efeitos especiais** e VFX. Estes são criados em CGI, aqueles, por sua vez, são produzidos no *set* de filmagem, e organizam-se em duas categorias: efeitos óticos e efeitos mecânicos.

Os **efeitos óticos** lançam mão de truques de câmera e iluminação, visando alcançar modificações durante a cena. Como ferramentas, nesse sentido, são utilizados efeitos de luz, movimentos de câmera e lentes.

Já os **efeitos mecânicos** são ferramentas de modificação, empregadas especialmente para retratar, por exemplo, condições climáticas, como chuva, vento ou sol escaldante. Ademais, essa categoria compreende recursos como explosões controladas, pirotecnia, efeitos sonoros e adereços.

6.2 *Softwares* utilizados em motion graphics

Os *softwares* possibilitam a elaboração, a criação e a execução de ideias. Na indústria, há um sem-número de ferramentas focadas em animação em 2D e 3D, bem como outras auxiliares na parte de criação de design e ilustração.

6.2.1 Adobe After Effects

Quando se pensa em um *software* destinado ao mercado de motion design, sem dúvida, o Adobe After Effects é o mais popular e utilizado, sendo, normalmente, o primeiro com que um animador tem contato em suas produções, com presença especialmente marcante em animações em 2D. O mais curioso é que, inicialmente, não se destinava a processos de animação, mas à atividade de pós-produção (Shanasa, 2020).

Apesar de ter seu nome associado à gigante empresa de *softwares* de ilustração, manipulação de imagens, animação e edição, Adobe, esse aplicativo foi lançado por outra empresa. Suas primeiras versões, 1.0 e 1.1, chegaram ao mercado por meio da Company of Science and Art (Cosa), em 1993, e não estavam disponíveis para o sistema operacional Windows, sendo exclusivas para as plataformas de Macintosh da Apple. Somente a partir de 1995, já sob o comando de outra empresa, a Aldus, em sua versão 3.0, o *software* foi disponibilizado para o público sob a administração e licenciamento da Adobe. Finalmente, a partir de 1997, com o lançamento da versão 3.1, o Adobe After Effects tornou-se compatível com o Windows. A partir de sua disponibilização para diversas plataformas e sistemas operacionais, o aplicativo popularizou-se significativamente, o que contribuiu para seu desenvolvimento (Shanasa, 2020).

Percebendo que animadores estavam utilizando com muita frequência o *software*, principalmente para o mercado de animação em 2D, a Adobe foi inserindo novas funcionalidades, tornando a ferramenta mais adaptada e poderosa para essa função. Nesse sentido, melhorou o fluxo de informação para animações, e desenvolvedores criaram vários *plug-ins* – programa, ferramenta ou extensão que pode ser adicionado a outro *software*, considerado o principal, de modo a acrescentar funções e recursos –, *scripts* e *softwares* avulsos, o que expandiu muito as capacidades do After Effects, levando-o para além de sua configuração inicial e conferindo-lhe o *status* de ferramenta mais utilizada, versátil e completa para motion design 2D (Shanasa, 2020).

6.2.2 Cinema 4D

Outro *software* com destaque crescente é o Cinema 4D, criado em 1991 pela Maxon, cujo foco é o desenvolvimento de animações 3D. Assim como o After Effects, destinava-se originalmente para a Macintosh. Com o tempo, também ganhou uma versão para Windows e, rapidamente, tornou-se o líder e, até mesmo, o padrão para operações de motion design em 3D. Isso porque apresenta uma interface bastante amigável e uma curva de aprendizado menor se comparado a outros *softwares* do ramo. Também se destaca por seu pacote de ferramentas, como a Mograph, conjunto de implementos destinados à concepção de artes de motion graphics.

Outro fator que o torna popular no mercado é sua fácil articulação com o After Effects, permitindo um *workflow* (conjunto de ferramentas e rotinas de integração entre elas) coerente e funcional, que garante um bom trânsito de informações e integração (*assets*) (Shanasa, 2020).

6.2.3 Adobe Illustrator

Muito popular entre designers gráficos, o Adobe Illustrator está entre os aplicativos mais longevos do mercado gráfico. Lançado em 1987, nasceu com foco na edição e na criação de **imagens vetoriais**, isto é, geradas com base em vetores matemáticos, e não por mapeamento de *pixels*, das imagens *bitmap*.

Esse *software* sempre atuou em conjunto com o Adobe Photoshop, fazendo parte, atualmente, do pacote de ferramentas essenciais em processos de motion design. O Illustrator é excelente para o trabalho de criação de imagens vetoriais de alta qualidade, muito usadas em outros *softwares* de *motion* (Shanasa, 2020).

6.2.4 Adobe Photoshop

O Adobe Photoshop é líder quando se faz referência ao tratamento e à manipulação de imagens *bitmap*, ou seja, formadas por *pixels* que armazenam informações de cor, nitidez e brilho.

Seu desenvolvimento iniciou-se em 1987 e, em 1990, sua versão 1.0 foi disponibilizada. Atualmente, é considerado o *software* padrão para manipulação de imagens e pintura digital, recurso com largo uso em motion graphics. Apresenta recursos de animação, com a desvantagem de serem bastante primitivos se comparados aos do After Effects.

Mesmo com limitações em suas funções de animação, profissionais de *motion* utilizam o Photoshop para a criação de transições animadas em sistema *frame* a *frame* ou, ainda, com componentes de *liquid motion*. O fato é que esse programa se impôs como ferramenta necessária no mercado de motion design. A propósito, a força desse *software* é tão grande no segmento de artes digitais que, no mercado, foi cunhada a expressão "photoshopar" para a atividade de tratar e manipular digitalmente imagens.

6.2.5 Blender

Produzido pelo estúdio holandês NeoGeo – que não está ligado à marca japonesa homônima –, o Blender teve sua primeira versão lançada em 1995, mas a estabilidade de seu desenvolvimento só se deu a partir da criação da Blender Foundation em 2002. Com isso, sua proposta de *software open-source* (aberto, ou seja, o código-fonte pode ser adaptado para sanar deficiências e ampliar capacidades) e gratuito recebeu apoio de uma rede de desenvolvedores de todo o planeta (Somasundaram, 2005).

O Blender foi um dos poucos *softwares* do mercado de motion graphics que, desde suas versões iniciais, rodava no sistema operacional Linux. Aos poucos, atraiu a atenção dos profissionais por ser uma ferramenta de modelagem 3D com muitos recursos e gratuita. Trata-se de uma excelente alternativa gratuita a outros *softwares*, como o Cinema 4D, sendo, inclusive, usado para filmes de animação de longa duração. Graças a sua comunidade de desenvolvedores espalhada pelo mundo, ele é estável e compatível com diversas ferramentas de *render*.

6.2.6 Adobe Animate

O Adobe Animate foi muito popular na origem do *webdesign*. Na empresa Macromedia era chamado de *Flash* e foi largamente utilizado não apenas para animações, mas também para a construção de *sites* inteiros. Posteriormente, a empresa foi adquirida pela Adobe, e o *software* passou a ser chamado Adobe Flash. Com a queda de sua aplicação para implementações *web*, a nova detentora fez um *upgrade* em seu pacote gráfico e lançou, então, o Animate.

O Adobe Animate volta-se a animações vetoriais em uma *timeline* de caráter *frame* a *frame*. A ênfase do trabalho simula um processo de animação tradicional. O programa é utilizado na criação de projetos de animação com um grau de complexidade razoável. Nesse sentido, tem forte presença em séries animadas, filmes, peças de publicidade e *web*. Por ser mais um *software* da Adobe, tem excelente integração de *assets* com o After Effects, o que tem estimulado muitos animadores a adotá-lo (Somasundaram, 2005).

6.2.7 Outros programas

Os *softwares* que apresentamos até aqui são os mais recorrentes no segmento. Todavia, existem diversas outras opções bastante utilizadas. Isso pode variar conforme o tipo de produção, o nicho e a atuação do profissional ou estúdio. Esses outros programas são auxiliares nos processos de motion graphics ou, ainda, representam alternativas quando o profissional não tem acesso a um dos *softwares* mais usados.

Adobe Premiere

Com maior aplicação na edição de vídeos para cinema, televisão e *web*, o Adobe Premiere integra-se a outros aplicativos e serviços do pacote Adobe, como o Photoshop, o After Effects, o Audition e o Stock. Isso o torna uma ferramenta muito útil também para os motion graphics, podendo converter animações e gravações de forma muito sofisticada em filmes e vídeos. Por meio da extensão Premiere Rush, permite que o usuário filme e edite utilizando um *smartphone*, com posterior compartilhamento em redes sociais. Além disso, apresenta uma biblioteca de animações totalmente compatível com o After Effects.

Adobe Media Encoder

O Adobe Media Enconder é um poderoso renderizador, altamente indicado para trabalho conjunto com outros *softwares* da Adobe. Ele tem auxiliado em diversos projetos, mas ainda é pouco conhecido pela grande maioria dos profissionais, apesar de estar há bastante tempo no mercado. Sua compatibilidade com outros programas permite que uma operação de renderização ocorra enquanto se edita outra parte no Premier ou no After Effects. Conforme as etapas são encerradas, esse novo conjunto vai imediatamente para o *render* principal, agilizando o trabalho (Somasundaram, 2005).

Entre as várias e interessantes funcionalidades do Media Encoder, a opção de pastas monitoradas destaca-se. Por meio dela, é possível exportar materiais em uma pasta compartilhada de forma automática. São compatíveis arquivos de programas de outros desenvolvedores, como DaVinci Resolve, Sony Vegas, Windows MovieMaker, e vídeos gravados diretamente da câmera.

Para tanto, outra função se mostra útil: as predefinições, que são uma espécie de caminho que uma tarefa precisa executar. Esse caminho pode ficar gravado e ser ativado automaticamente, evitando curvas extensas de trabalho repetitivo, uma vez que tarefas muito recorrentes podem estar automatizadas nessas predefinições (Resumo..., 2021).

Blackmagic Fusion VFX

Utilizado para VFX e motion design em 2D e 3D, o Blackmagic Fusion VFX é produzido pela Blackmagic, conhecida pela fabricação de *hardwares* de qualidade respeitada no mercado. Com a aquisição do aplicativo DaVinci Resolve, o Blackmagic Fusion entra como um pacote de aplicativos para motion graphics, agregando compatibilidade das ferramentas de edição e correção de cores.

SideFX Houdini

O SideFX Houdini destina-se à criação de animações em 3D, com forte ênfase em animação procedural. É comumente utilizado em setores de desenvolvimento de efeitos visuais e marca presença em grandes estúdios, como Estúdios Disney, Pixar, DreamWorks, Double Negative, Industrial Light & Magic (ILM), Moving Picture Company (MPC), Framestore, Sony Pictures Imageworks, MethodStudios, The Mill. Apresenta uma versão gratuita com limitação de ferramentas.

Trata-se de uma ferramenta poderosa, com recursos de modelagem de geometria padrão, poligonal, Nurbs e Bézier, *metaballs*, animações *keyframe*, simulação de partículas, dinâmicas de corpos fluídos e rígidos, motores de *render*, composição digital e ferramentas de pós-produção, como volumetria – simulações de nuvens, fumaça e fogo etc.

Moho 2D

Nascido como Anime Studio e especializado em projetos 2D com base em vetores, o Moho 2D apresenta recursos que incluem animações *smart bones*, *editable*, motion graphics, Bézier, quadro a quadro; ferramentas de correção; pincéis aprimorados; suporte ao formato de arquivo JSON; e desfoque de movimento real. Desse modo, oferece um rico pacote de recursos que propicia aos usuários a confecção de animações complexas com *timelines* sobrepostas, manipulação de personagens e recursos de telas giratórias.

Mocha Pro

O Mocha Pro é um aplicativo especializado em, basicamente, duas técnicas:

- *Tracking*: método que registra o movimento de uma forma ou um ponto de referência qualquer, aplicando esse mesmo movimento a outro elemento que esteja na tela de um *software*.
- *Rotoscopia*: técnica de animação em que se filma ou fotografa um modelo humano sequencialmente. Depois, desenhos são produzidos baseados nas imagens capturadas.

Esse *software* é utilizado como auxiliar ao Adobe After Effects e tem implementos de VFX bem-desenvolvidos. Apresenta uma biblioteca de *plug-ins* razoavelmente extensa, recursos de *motion* avançados, *scripts* de velocidade e distorção procedurais que possibilitam um nível alto de controle sobre objetos rastreados (Kurihara; Arai, 1991).

Toon Boom Harmony

Especializado em animações em 2D de caráter *frame* a *frame*, o Toon Boom Harmony é um programa muito utilizado por grandes estúdios. Isso porque disponibiliza ferramentas que facilitam muito o trabalho de animação tradicional, como processos de *riggings*, que propiciam o desenho de cena apenas uma vez e posterior animação com o uso de esqueletos inseridos nos personagens. Atua bem com o Adobe After Effects e seu *plug-in* Storyboard Pro é compatível com ambos os *softwares*.

TVPaint Animation

Recursos da animação clássica ainda gozam de muita popularidade entre o público e entre diversos artistas gráficos. O TVPaint Animation aplica digitalmente esses processos tradicionais. Para isso, conta com um sistema multitela e pincéis variados para desenho e tratamento de cor. Dessa forma, permite a imitação de desenhos como se fossem feitos em papel, inclusive simulando texturas do suporte. Apresenta uma curva de aprendizado considerada curta e é bastante compatível com o *plug-in* Storyboard Pro.

Autodesk Maya

Um poderosíssimo *software* de animação e modelagem em 3D, o Autodesk Maya tem ferramentas avançadas de simulação e um motor de renderização robusto. Seu conjunto de ferramentas é muito integrado e avançado, sendo um programa padrão presente nos maiores estúdios de animação do planeta, muito utilizado em obras de longa-metragem. Oferece uma gigantesca gama de *plug--ins* e *scripts*. Em contrapartida, requer um alto poder de processamento de máquina (Software..., 2021).

Autodesk 3ds Max

Muito similar ao Maya, e igualmente utilizado, o Autodesk 3ds Max fornece ferramentas bastante avançadas para modelagem, animação, simulação e renderização 2D e, principalmente, 3D. Era mais presente em estúdios de animação antes do surgimento do Maya. Atualmente é utilizado principalmente em escritórios de arquitetura para a confecção de maquetes eletrônicas animadas. Com alto poder de imersão, é bem-adaptado a esse uso por força da configuração de unidades de medidas descomplicada (centímetros, metros, polegadas, entre outras). Outro ponto que o destaca nesse mercado é integração acessível com os arquivos gerados por AutoCAD.

Vale pontuar que não existe versão do programa para macOS, apenas para Windows. De qualquer modo, não são poucos os profissionais de motion graphics que optam pelo 3ds Max.

Autodesk Mudbox

O Mudbox consiste em um programa do pacote Autodesk que se propõe uma alternativa ao líder em escultura digital Zbrush. Cria e esculpe modelos e gera texturas com altas taxas de resolução. Apesar de ainda ser pouco conhecido, sua perfeita integração com dois gigantes da modelagem em 3D, o 3ds Max e o Maya, está atraindo estúdios e artistas. A própria interface do programa é muito similar às dos dois citados, o que facilita esse processo (Software..., 2021).

Zbrush

Quando o assunto é escultura digital, o Zbrush é o *software* mais lembrado e utilizado. Isso porque oferece diversas ferramentas, alguns modelos prontos para modificação e um sistema de modelagem que simula o ato real de esculpir – a ferramenta *clay*. Também conta com pincéis de pintura avançados.

Um fator que chama muita atenção diz respeito aos chamados *polygons* (pontos que, unidos, dão formas a criações em 3D), que costumam exigir muito processamento de máquina. No caso desse *software*, a tecnologia utilizada diminui muito o peso dessa malha de *polygons*, exigindo um poder consideravelmente menor de *hardware*.

Marvelous Designer

Inicialmente destinado ao mercado da moda, o Marvelous Designer tornou-se uma excelente ferramenta de motion graphics para a criação de roupas para avatares. Não demorou para que criadores 3D o adotassem, não apenas para roupas de personagens, mas também para desenvolver outras estruturas com tecidos, como cobertores, toalhas e cortinas.

Com o uso cada vez maior de personagens no mercado publicitário – as *brand personas*, ou seja, avatares que são garotos-propaganda de grandes marcas –, os elementos têxteis e seu detalhamento os fazem mais humanos, aproximando-os do público.

O Marvelous Designer integra-se a dois líderes de mercado no segmento: o Adobe After Effects e o Cinema 4D.

Substance Painter

Com a crescente sofisticação dos motion graphics e a diversificação do mercado, um segmento que se desenvolve e começa a abrir espaço no Brasil é o Look Development. Nesse processo, o artista decide sobre o visual da cena, que pode ter seu início em maquetes e esculturas tradicionais, as quais, mais tarde, são repassadas a ambientes digitais.

Essa área que faz largo uso do VFX adotou o Substance Painter por este ser um ótimo programa de texturização de superfícies para 3D e 2D em nível altamente profissional. *Plug-ins* permitem exportar texturas para a maioria dos softwares de 3D utilizados no mercado.

Unreal Engine

Cada dia mais utilizada, principalmente no mercado de *videogames*, a Unreal Engine é uma *game engine* – um motor gráfico que conta com uma vasta biblioteca de formas, modelagens e *scripts* – presente em diversos estúdios. Todo interessado em desenvolvimento de jogos certamente já ouviu falar dela. Contudo, essa *engine* é empregada também por estúdios de animação, pois suas capacidades de *render* são muito desenvolvidas e mostram-se excelentes opções para renderização de animações.

A Unreal Engine tem sido empregada na criação de alguns jogos apreciados por todo o mundo e é bastante popular entre os usuários do Cinema 4D, o que provocou uma integração entre ambos.

Nesse sentido, os recursos gerados nesses *softwares* são facilmente intercambiáveis. Com *render* em tempo real, importação de arquivos e manutenção de cenas e efeitos entre plataformas, o *plug-in* Save for Cineware, nativo do Cinema 4D, exporta artes de motion graphics diretamente ao ambiente da Unreal para execução final. Vale lembrar que a Unreal é uma poderosa ferramenta gratuita.

Unity

Outra *game engine* muito utilizada e similar à Unreal é a Unity. Esta, contudo, tem sido mais empregada no desenvolvimento de peças em 2D. Já bem conhecida no universo dos *videogames*, está chegando também aos estúdios de animação e às agências de publicidade. A integração entre animação e *videogame* sempre gerou peças muito interessantes, tanto artisticamente quanto tecnicamente, e a Unity está se constituindo como mais um elo dessa corrente.

6.2.8 *Rendering softwares (softwares de renderização)*

Os **renderizadores** constituem uma categoria de *softwares* à parte, pois têm uma função muito específica: de renderizar arquivos. Como assinalamos no Capítulo 3, a renderização consiste no procedimento de unir diversas partes ou camadas de uma estrutura, de modo a compactá-las em um único arquivo. Quando se está navegando na internet, antes que um *website* apareça para o usuário como um todo, as camadas de programação, texto, design, imagens e efeitos são renderizadas pelo navegador, que oferece um arquivo finalizado e devidamente harmonizado. Portanto, é um mecanismo que apresenta ao usuário ou ao espectador o produto final de um tratamento digital. O recurso do *render* acontece em aplicações de animação em 2D e 3D, manipulação de imagens, vídeos e arquivos de áudio.

Na prática, isso quer dizer que, basicamente, todos os *softwares* utilizados em processos de motion graphics apresentam os chamados *motores de render*, que são *scripts* internos ou *render engines*. As exigências crescentes do mercado envolvem a demanda por motores de renderização externos. Isso porque os *renderings* nativos, em projetos maiores, podem não ser suficientes. Esses motores são aplicações que atuam junto a um *software* principal, acelerando as atividades de visualização de cenas ou exportando arquivos para formatos diferenciados. Nesse sentido, os motores utilizam alguns métodos:

- **Ray-tracing**: trata-se de um método de *render* de estruturas em 3D. A técnica em si busca simular o trajeto realizado por raios de luz, sendo muito presente na renderização para jogos, pois busca trabalhar texturas de modo a imprimir uma perspectiva mais realista. A intenção é gerar um resultado que se aproxime o máximo possível do que seria uma interação física entre o usuário e o ambiente. Isso pode ser vivenciado em jogos ou óculos de realidade virtual (VR, do inglês *virtual reality*). O recurso busca colocar a amplitude da visão na direção dos olhos do jogador; deriva daí o conceito de "raios de luz". A resultante, então, produz a simulação mais precisa possível para apresentar ao usuário um cenário mais imersivo e próximo de uma situação real.

- ***Path-tracing***: chamado também de *rastreamento de caminho*, é aplicado para incrementar uma imagem final, de forma a melhorá-la, atuando em áreas mais sensíveis nas quais o *ray-tracing* não tem tanta efetividade. Pensemos que, em uma arte, existem as superfícies e as texturas, mas também linhas que compõem planos e fazem a junção desses elementos. É nessas linhas mais tênues que essa renderização atua. Entretanto, é importante ressaltar que, em termos gerais, gasta-se mais tempo renderizando imagens traçadas quando se deseja alta qualidade.
- ***Rasterization***: é o processo mais comum e presente em motores internos. Trata-se de converter uma imagem vetorial para uma imagem *raster* (rasterizar imagem) que é formada de *pixels* ou pontos. Assim, a imagem pode ser exibida em um simples monitor de vídeo, ou pode ser armazenada em *bitmaps* de arquivos.

O fator velocidade é importante no processo de renderização, podendo ser classificado como *real-time* ou *non real-time*. As opções de programas do tipo estão se expandindo de acordo com o desenvolvimento das necessidades de mercado. Existem modelos de renderizadores que exigem mais da CPU (unidade central de processamento); outros, de uma placa gráfica dedicada (GPU, ou unidade central de processamento gráfico). Estes últimos são os que estão oferecendo mais avanços na renderização de modelagens para projetos de motion graphics 3D.

A seguir, estão listados os renderizadores mais recorrentes no segmento de motion design:

- ARNOLD RENDER | CPU E GPU

- Maya, Houdini, Cinema 4D, 3ds Max, Katana, Softimage
- CORONA | CPU
- Cinema 4D, 3ds Max
- MAXWELL RENDER | CPU E GPU
- 3ds Max, Cinema 4D, Maya, Modo, Revit, Rhinoceros, dentre [sic] outros
- OCTANE RENDER | GPU
- 3ds Max, Blender, Cinema 4D, Houdini, Maya, Modo, Nuke, dentre [sic] outros
- REDSHIFT | GPU
- 3ds Max, Cinema 4D, Houdini, Maya, Softimage
- V-RAY | GPU E CPU
- 3ds Max, Blender, Cinema 4D, Maya, Modo, Nuke, Unreal, dentre outros
- CYCLES | GPU
- Blender, Cinema 4D
- EEVEE | GPU
- Blender
- PIXAR RENDERMAN | CPU
- Blender, Houdini, Katana, Maya (Shanasa, 2020, p. 56-57)

Como é possível notar, há uma grande oferta de renderizadores no mercado. Por isso, antes de optar por um, é preciso verificar com quais programas eles são mais compatíveis, o quanto exigem de desempenho de máquina, entre outros fatores. Alguns são bem direcionados e específicos, ao passo que outros têm maior abrangência e, por isso, são mais utilizados.

6.2.9 *Scripts e plug-ins*

Em um projeto de motion graphics, há tarefas que podem ser automatizadas. Alguns ajustes e calibrações, às vezes, são necessários antes mesmo do *animatic* ser iniciado, e os próprios programas usados têm limitações de acordo com sua função. Nesses momentos, determinados *scripts* e *plug-ins* atuam em parceria com os *softwares* utilizados.

A despeito de sua atuação, que, por vezes, é bastante semelhante, *scripts* e *plug-ins* não são a mesma coisa. Os primeiros são destinados a automatizar tarefas, que vão das mais simples até as mais complexas. Já os *plug-ins* dão um passo à frente, pois, além de automatizarem etapas, adicionam funções que não são nativas ao *software*, suprindo deficiências e implementando melhorias. De toda forma, ambos são muito importantes no trabalho do motion designer.

Um dos mais conhecidos *plug-ins* no mercado é o Element 3D. Ele possibilita uma melhoria expressiva na manipulação de objetos 3D, e o Adobe After Effects em modo nativo apresenta algumas dificuldades nesse sentido.

6.3 Formatos de arquivo

Além da multivariada gama de *softwares* usada no mercado, há uma quantidade muito expressiva de formatos de arquivo. Boa parte deles são importados e exportados quase universalmente. Nesta seção, tomamos por base o programa Adobe After Effects, para apresentar, nos Quadros 6.1 a 6.6, os formatos de arquivo que podem ser trabalhados nele. Isso porque a produção em motion graphics invariavelmente passa por esse *software* em algum momento.

Quadro 6.1 – **Formatos de arquivo de áudio**

Formato	Suporte de importação/exportação	Detalhes do formato
MPEG-1 Audio Layer II	Somente importar	Áudio formato [sic] em um arquivo de contêiner WAV
Advanced Audio Coding (AAC, M4A)	Importar e exportar	
Audio Interchange File Format (AIF, AIFF)	Importar e exportar	
MP3 (MP3, MPEG, MPG, MPA, MPE)	Importar e exportar	
Waveform (WAV)	Importar e exportar	

Fonte: Formatos..., 2021.

Quadro 6.2 – **Formatos de arquivos de imagem estática**

Formato	Suporte de importação/exportação	Detalhes do formato
Adobe Illustrator (AI, EPS, PS)	Somente importar	Continuamente rasterizadas
Adobe PDF (PDF)	Somente importar	Primeira página somente, rasterizada continuamente.
Adobe Photoshop (PSD)	Importar e exportar	8-, 16- e 32-bpc
Bitmap (BMP, RLE, DIB)	Somente importar	
Camera raw (TIF, CRW, NEF, RAF, ORF, MRW, DCR, MOS, RAW, PEF, SRF, DNG, X3F, CR2, ERF)	Somente importar	
Cineon (CIN, DPX)	Importar e exportar	Converte na profundidade de bits de cor do projeto: 8-, 16- ou 32-bpc

(continua)

(Quadro 6.2 – continuação)

Formato	Suporte de importação/exportação	Detalhes do formato
CompuServe GIF (GIF)	Somente importar	
Discreet RLA/RPF (RLA, RPF)	Somente importar	16 bpc, importa dados da câmera
Electric Image (IMG, EI)	Somente importar	
Encapsulated Post Script (EPS)	Somente importar	
IFF (IFF, TDI)	Importar e exportar	
JPEG (JPG, JPE)	Importar e exportar	
HEIF [High Efficiency Image Format]	Somente importar	Em sistemas operacionais suportados, o After Effects pode importar arquivo HEIF (High Efficiency Image Format; .HEIF e .HEIC), tal como os criados pelo aplicativo de câmera no Apple iOS 11 ou posterior. Sistemas operacionais com suporte mínimo para importar arquivo HEIF: • MacOS 10.13 (High Sierra) ou 10.14 (Mojave) • Windows 10 (atualização de outubro de 2018) com as seguintes extensões do Windows necessárias: › Extensões de Imagem HEIF › Extensões de Vídeo HEVC **Observação**: a Imagem HEIF e as Extensões de Imagem HEVC não estão incluídas no Windows 10 e devem ser instaladas separadamente.
Maya camera data (MA)	Somente importar	
OpenEXR (EXR)	Importar e exportar	Os *plug-ins* de efeito de Canal 3D 32 bpc do *software fnord* estão incluídos no After Effects para fornecer acesso às múltiplas camadas e aos canais dos arquivos OpenEXR. [...]

(Quadro 6.2 – conclusão)

Formato	Suporte de importação/exportação	Detalhes do formato
PCX (PCX)	Somente importar	Somente Windows
Portable Network Graphics (PNG)	Importar e exportar	16-bpc
Radiance (HDR, RGBE, XYZE)	Importar e exportar	32-bpc
SGI (SGI, BW, RGB)	Importar e exportar	16-bpc
Softimage (PIC)	Somente importar	
Targa (TGA, VDA, ICB, VST)	Importar e exportar	
TIFF (TIF)	Importar e exportar	8- e 16- bpc

Fonte: Formatos..., 2021.

Quadro 6.3 – **Formatos de arquivo de vídeo e de animação**

Formato	Suporte de importação/exportação	Detalhes do formato
Panasonic	Somente importar	Os metadados de aquisição da câmera são exibidos no painel Mídia dinâmica do painel Metadados.
VERMELHO	Somente importar	
Sony X-OCN	Somente importar	
Canon EOS C200 Cinema RAW Light (.crm)	Somente importar	
RED Image Processing	Somente importar	
Sony VENICE X-OCN 4K 4:3 Anamorphic e 6K 3:2 (.mxf)	Somente importar	
MXF/ARRIRAW	Somente importar	Codec ARRIRAW em arquivo de contêiner MXF
H.265 (HEVC)	Somente importar	Gravação do codec HEVC (também conhecido como H.265) em contêiner QuickTime (.MOV)
3GPP (3GP, 3G2, AMC)	Somente importar	
Adobe Flash Player (SWF)	Somente importar	[...] os arquivos SWF são importados com um canal alfa. O conteúdo interativo não é mantido [...].
Adobe Flash Video (FLV, F4V)	Somente importar	
Animated GIF (GIF)	Importar	
Apple ProRes codec	Somente exportar	No Windows. O After Effects pode renderizar cor HDR em arquivos QuickTime importados usando os codecs Apple ProRes que estejam identificados para Rec. Cor 2020, incluindo perfis PQ ou HLG, tais como os produzidos por monitores e gravadores Atomos.
AVCHD (M2TS)	Somente importar	

(continua)

(Quadro 6.3 – conclusão)

Formato	Suporte de importação/exportação	Detalhes do formato
DV	Importar e exportar	No contêiner MOV ou AVI, ou como um fluxo DV sem contêiner; requer o QuickTime no Windows
H.264 (M4V)	Somente importar	
Media eXchange Format (MXF)	Somente importar	
MPEG-1 (MPG, MPE, MPA, MPV, MOD)	Somente importar	
MPEG-2 (MPG, M2P, M2V, M2P, M2A, M2T)	Somente importar	Alguns formatos de dados MPEG são armazenados em formato de contêiner com extensões de nomes de arquivo que não são reconhecidas pelo After Effects; exemplos incluem, .vob e .mod. Em alguns casos, você pode importar esses arquivos para o After Effects depois de alterar a extensão do nome do arquivo para uma das extensões de nome de arquivo reconhecidas. Em função das variações na implementação nesses formatos de contêiner, a compatibilidade não é garantida.
MPEG-4 (MP4, M4V)	Somente importar	
Open Media Framework (OMF)	Importar e exportar	Somente Rawmedia [ou essence]; somente Windows
QuickTime (MOV)	Importar e exportar	
Video for Windows (AVI)	Importar e exportar	A exportação é apenas no Windows.
Windows Media (WMV, WMA)	Somente importar	Somente Windows
XDCAM HD e XDCAM EX (MXF, MP4)	Somente importar	

Fonte: Formatos..., 2021.

Quadro 6.4 – **Formatos de arquivos de projeto**

Formato	Suporte de importação/exportação	Detalhes do formato
Advanced Authoring Format (AAF)	Somente importar	Somente Windows
(AEP, AET)	Importar e exportar	[...]
Adobe After Effects XML Project (AEPX)	Importar e exportar	
Adobe Premiere Pro (PRPROJ)	Importar e exportar	

Fonte: Formatos..., 2021.

Quadro 6.5 – **Formatos de arquivo de dados**

Formato	Suporte de importação/exportação	Detalhes do formato
JSON	Somente importar	
mgJSON	Somente importar	
JSX	Somente importar	O After Effects 15.1 e posterior usa uma [sic] analisador JSON diferente que é estrito e não irá permitir que um arquivo JSON com sintaxe ilegal seja importado. Você pode importar uma [sic] arquivo de extensão de sintaxe JavaScript (.jsx) no After Effects 15.1. O conteúdo do arquivo JSX pode ser o mesmo do arquivo JSON importado no After Effects 15.0; é necessário alterar a extensão do arquivo para .jsx. Se você abrir um projeto existente contendo um arquivo JSON que não mais funciona, use **Arquivo > Substituir gravação** para substituir o arquivo JSON pelo arquivo the JSX.
CSV	Somente importar	
TSV (.tsv ou .txt)	Somente importar	

Fonte: Formatos..., 2021, grifo do original.

Quadro 6.6 – **Outros formatos de arquivo**

Formato	Suporte de importação/exportação	Detalhes do formato
Cinema 4D Importer	Importar e exportar	A importação usa o efeito Cineware
Maya Scene camera data (MA)	Somente importar	

Fonte: Formatos..., 2021.

6.4 Ferramentas de gerenciamento de equipe

Em meio a essa enorme miríade de aplicativos, formatos de arquivos e técnicas, existe um fator importantíssimo: a gestão de projetos.

No capítulo anterior, detalhamos as etapas de um grande projeto de motion graphics. A forte tecnologia presente nesses empreendimentos também deve estender-se às ferramentas que integram as equipes e a tornam mais unidas e produtivas. Algumas dessas ferramentas são:

- **Artia**: é uma das ferramentas mais completas para gestão de projetos. Entre suas funções estão controle financeiro, estatísticas de horas trabalhadas, relatórios de desempenho, *kanban*, e muito mais. A interface é muito intuitiva, o que facilita o trabalho.
- **Slack**: tem capacidade de centralizar a comunicação de todo o projeto por meio de um *software* de *chat* e compartilhamento de arquivos. Muito usado para gerenciamento de projetos que necessitam organizar conversas em diferentes canais.

- **Podio:** sendo um programa muito completo para a gestão de projetos, organiza muito bem prazos, tarefas e serviços. Além disso, mapeia a progressão do trabalho.
- **Asana:** exibe estatísticas de progresso do projeto, integra equipes, atualiza tarefas por meio de uma *timeline* muito intuitiva e apresenta monitoramento em tempo real.
- **Bitrix24:** trata-se de uma das ferramentas mais utilizadas, consistindo em uma plataforma de colaboração coletiva com um pacote de 35 ferramentas, como *customer relationship management* (CRM), telefonia, gerenciamento de recursos humanos, bate-papo, chamada de vídeo e gestão de projetos em geral.
- **GanttProject:** é uma ferramenta gratuita e customizável com funções que podem ser ativadas ou desativadas de acordo com a necessidade do projeto. É compatível com os principais sistemas operacionais em circulação: Linux, Windows e iOS.
- **Microsoft Project:** corresponde a um *software* de gestão de projetos que está entre os mais antigos do mercado. Com uma interface similar à do Microsoft Excel, é disponibilizado apenas na versão paga, adaptada para cada empresa e por isso com custos diferentes.
- **Runrun.it:** enfoca principalmente a gestão de pessoas. Nesse sentido, calcula horas de trabalho, gera indicadores de desempenho, previsão de custos, gerenciamento de tarefas etc.
- **Hibox:** foca na comunicação entre equipes que necessitam trocar informações constantemente. Para isso, oferece *chats* em grupo e individuais, compartilhamento de arquivos e chamadas de vídeo, bem como alerta integrantes sobre chamadas e fornece suporte.

- **Wrike:** é orientado para equipes de criação e desenvolvimento. Apresenta uma interface intuitiva e conta com chamada por meio de menções com @ tal qual as redes sociais. Oferece versões gratuitas e pagas, conforme o segmento e o tamanho da empresa.
- **Trello:** talvez a ferramenta de gerenciamento mais famosa do globo. Trabalha com sistemas de organização de afazeres em listas e colunas, criando cartões e quadros de atividades. Apresenta uma versão gratuita com pacotes limitados de funcionalidades e versões pagas para empresas. Também é customizável.

CONSIDERAÇÕES FINAIS

Ao final da abordagem que aqui empreendemos, reforçamos nossa percepção de que o pensamento humano está ancorado na linguagem. Esta, como manifestação natural do cotidiano, é articulada em diversos formatos e suportes expressivos para emergir, representando pensamentos, ideias e emoções. Até mesmo o desenvolvimento da linguagem ocorre por meio desses suportes, sendo muitos deles criados tecnologicamente para esse fim.

Para pensadores como Marshall McLuhan (2006), a linguagem foi e é o grande vetor evolutivo de extensões tecnológicas, como a escrita, que inseriu no universo social novas concepções expressivas e interferiu, inclusive, no processamento tradicional da linguagem humana pré-escrita. Efeito semelhante tiveram o rádio, o cinema e a televisão; cada um desses meios promoveu modificações nos modos de pensar então vigentes. Se a escrita se consolidou como uma extensão do discurso verbal, as outras formas, mais visuais, alargaram esse discurso ao inserir nele a criação imagética, ampliando e enriquecendo a narrativa das imagens estáticas.

Conforme essa lógica, a animação digital representa, ainda, um passo maior na excelência dessa arte de comunicar, contar histórias, abarcando as tecnologias digitais como mais uma extensão das capacidades discursivas humanas, que, se no passado se valiam do lápis (entre outros instrumentos), atualmente têm no computador uma ferramenta extensiva das visualizações cerebrais. Obviamente, ferramentas como o lápis não deixarão de fazer parte da criação, ao contrário, estarão em simbiose com novos recursos tecnológicos – o próprio lápis foi um grande avanço do tipo – na criação de narrativas animadas.

O advento dos motion graphics ampliou significativamente a força expressiva e comercial das mensagens. Em nenhuma época da história, tantos recursos de confecção de imagens e animação estiveram tão próximos das pessoas. A força das tecnologias de animação digital, assim como a descoberta da escrita, está propondo outras formas de discurso, à medida que novas experimentações são realizadas, potenciais técnicos são descortinados e desenvolvidos, incitando a criatividade.

A arte sempre caminhou ao lado da técnica; a qualidade de peças digitais animadas cresce a cada nova produção; e o trânsito entre as mídias aumenta. Se grandes *players* do mercado, como Disney ou Pixar, atualmente são fontes de consulta e inspiração, foi a união entre criatividade e tecnologia que possibilitou que ambos promovessem suas revoluções.

É nesse cenário que se inserem os motion graphics. Você, que se dedicou à leitura desta obra, dando mais um passo em direção a se tornar um profissional da área, assuma seu posto e prepare-se pois as possibilidades expressivas do ininterrupto desenvolvimento tecnológico são inúmeras e estendem-se nos mais variados segmentos de mercado. A modernidade extrapola fronteiras, a animação gráfica populariza-se, difunde-se e faz-se presente. Seja, então, parte dessa história, pois ela ainda está em seu início.

Seja você um profissional, seja um curioso, seja, quem sabe a partir de agora, um apaixonado pela animação e pelo motion design, esperamos que tenha encontrado aqui informações e inspirações para trilhar seu caminho nesse segmento de mercado, que, apesar do crescimento, ainda tem muito a desenvolver. Nesta obra, não tentamos apontar certezas imutáveis, senão iluminar brevemente os diversos cenários dos motion graphics.

Desejamos a você, iniciante ou profissional nessa área, uma excelente jornada nesse mercado, por meio da arte, da realização, dos desafios e das belezas que os motion graphics têm a oferecer.

REFERÊNCIAS

007: Cassino Royale. Direção: Martin Campbell. EUA/ Reino Unido/Alemanha/Itália/República Tcheca: Metro-Goldwyn-Mayer/Columbia Pictures, 2006. 144 min.

1995: The Beginning of Internet Baseball Broadcasts. **Misc. Baseball,** 10 sept. 2012. Disponível em: <https://miscbaseball.wordpress.com/2012/09/10/1995-the-beginning-of-inter net-baseball-broadcasts/>. Acesso em: 6 jun. 2021.

2001: Uma odisseia no espaço. Direção: Stanley Kubrick. EUA/ Reino Unido: Metro-Goldwyn-Mayer, 1968. 142 min.

A BELA e a Fera. Direção: Gary Trousdale e Kirk Wise. EUA: Walt Disney Studios Motion Pictures, 1991. 84 min.

A FUGA das galinhas. Direção: Peter Lord; Nick Park. EUA: DreamWorks Pictures, 2000. 84 min.

ABED – Associação Brasileira de Educação a Distância (Org.). **Censo EAD.BR: relatório analítico da aprendizagem a distância no Brasil 2019/2020 = Censo EAD.BR: analytic report of distance learning in Brazil 2019-2020.** Tradução de Camila Rosa. Curitiba: InterSaberes, 2021. Disponível em: <http://www.abed.org.br/site/pt/midiateca/censo_ead/>. Acesso em: 3 jun. 2021.

ADOBE INCORPORATION. **After Effects 3.1.** San José, CA, 1997. Aplicativo.

ADOBE INCORPORATION. **Animate 21.0.** San José, CA, 2020. Aplicativo.

ADOBE INCORPORATION. **Illustrator 1.0.** Mountain View, CA, 1987. Aplicativo.

ADOBE INCORPORATION. **Photoshop 1.0.** Mountain View, CA, 1990. Aplicativo.

ALADDIN. Direção: Guy Ritchie. EUA: Walt Disney Studios Motion Pictures, 2019. 128 min.

ALDUS CORPORATION. **After Effects 3.0**. Seattle, WA, 1995. Aplicativo.

ARAÚJO, L. M. de. **Mitos e lendas do antigo Egipto**. Lisboa: Livros & Livros, 2005.

ARTIA. Disponível em: <https://artia.com/>. Acesso em: 15 abr. 2021.

AS CRÔNICAS de Nárnia: o leão, a feiticeira e o guarda-roupa. Direção: Andrew Adamson. EUA/Reino Unido: Walt Disney Pictures, 2005. 143 min.

ASANA. Disponível em: <https://asana.com/pt>. Acesso em: 15 abr. 2021.

AZEVEDO NETTO, C. X. de (Org.). **Informação, patrimônio e memória**: diálogos interdisciplinares. João Pessoa: Ed. da UFPB, 2014.

BABYLON 5. EUA: Pten/TNT, 1994-1997. Série de televisão. 5 temporadas.

BARBOSA JÚNIOR, A. L. **Arte da animação**: técnica e estética através da história. São Paulo: Senac, 2002.

BENSE, M. **Cartoons**: cinema animation. Translated by Anna Taraboletti-Segre. Bloomington: Indiana University Press, 1975.

BENTHAM, H. Slow in and slow out. **Principles of animation**. Disponível em: <https://animation2012.weebly.com/slow-in--slow-out.html>. Acesso em: 8 jun. 2021.

BERTHOLD, M. **História mundial do teatro**. Tradução de M. P. V. Zurawski, J. Guinsburg, S. Coelho e C. Garcia. 2. ed. São Paulo: Perspectiva, 2004.

BITRIX24. Disponível em: <https://www.bitrix24.com.br/>. Acesso em: 8 jun. 2021.

BLENDER FOUNDATION. **Blender 2.79**. Amsterdam, 2017. Aplicativo.

BRANCA de Neve e os sete anões. Direção: David Hand. EUA: RKO Radio Pictures, 1937. 83 min.

CASSIOPEIA. Direção: Clóvis Vieira. Brasil: PlayArte, 1996. 80 min.

CHIAVENATO, I. **Gestão de pessoas**: o novo papel dos recursos humanos nas organizações. Rio de Janeiro: Elsevier, 2008.

CLARK, K. 'Inspired 3D Character Animation:' Arcs and In-Betweens. **Animation World Network**, 16 July 2003. Disponível em: <https://www.awn.com/vfxworld/inspired-3d-character-animation-arcs-and-betweens>. Acesso em: 8 jun. 2021.

COSA – Company of Science and Art. **After Effects 1.0**. Providence, RI, 1993. Aplicativo.

COSA – Company of Science and Art. **After Effects 1.1**. Providence, RI, 1993. Aplicativo.

COUTINHO, F. R. dos S. **Animação em computação gráfica**. Belo Horizonte, 2020. Aula expositiva.

DRAGON'S Lair. El Cajon, EUA: Cinematronics, 1982. 1 videogame; son.; color.; PC.

EL APÓSTOL. Direção: Quirino Cristiani. Argentina, 1917. 70 min.

EL HOTEL eléctrico. Direção: Segundo de Chomón. França: Pathé Frères, 1908. 8 min.

FANTASMAGORIE. Direção: Émile Cohl. França: Société des Etablissements L. Gaumont, 1908. 1 min.

FELINE Follies. Direção: Otto Messmer. EUA: Paramount Pictures, 1919. 4 min.

FLORES e árvores. Direção: Burt Gillett. EUA: United Artists, 1932. 8 min.

FORMATOS de arquivo suportados no After Effects. **Adobe**. Disponível em: <https://helpx.adobe.com/br/after-effects/kb/supported-file-formats.html>. Acesso em: 8 jun. 2021.

FRANKENWEENIE. Direção: Tim Burton. EUA: Walt Disney Studios Motion Pictures, 2012. 87 min.

FROZEN. Direção: Chris Buck e Jennifer Lee. EUA: Walt Disney Studios Motion Pictures, 2013. 102 min.

GAME of Thrones. EUA: HBO, 2011-2019. Série de televisão. 8 temporadas.

GERTIE, o dinossauro. Direção: Winsor McCay. EUA: Vitagraph, 1914. 12 min.

GUERRA nas estrelas: uma nova esperança. Direção: George Lucas. EUA: 20th Century Fox, 1977. 121 min.

HALAS, J.; MANVEL, R. **A técnica da animação cinematográfica**. Rio de Janeiro: Civilização Brasileira, 1979.

HIBOX. Disponível em: <https://www.hibox.co/pb/>. Acesso em: 15 abr. 2021.

HILTY, G.; PARDO, A (Ed.). **Movie-se**: no tempo da animação. Rio de Janeiro: Centro cultural Banco do Brasil, 2013.

HUMOROUS Phases of Funny Faces. Direção: J. Stuart Blackton. EUA: Vitagraph Company of America, 1906. 3 min.

HURTT, C. Anticipation: The 12 Basic Principles of Animation. **Animation Mentor**: The Online Animation School, 7 June 2017. Disponível em: <https://www.animationmentor.com/blog/anticipation-the-12-basic-principles-of-animation/>. Acesso em: 6 jun. 2021.

INDIANA Jones e os caçadores da arca perdida. Direção: Steven Spielberg. EUA: Paramount Pictures, 1981. 115 min.

INTRIGA internacional. Direção: Alfred Hitchcock. EUA: Metro-Goldwyn-Mayer, 1959. 136 min.

JURASSIC Park: parque dos dinossauros. Direção: Steven Spielberg. EUA: Universal Studios, 1993. 126 min.

KURIHARA, T.; ARAI, K. A Transformation method for modeling and Animation of the Human face from Photographs. In: THALMANN, N. M.; THALMANN, D. (Ed.). **Computer Animation '91**, Springer: Tokyo, 1991. p. 45-57.

LA SORTIE de l'usine Lumière à Lyon. Direção: Auguste Lumière e Louis Lumière. França, 1895. 1 min.

LAYERS and Timing. Toon Boom Studio 8.1 Online Help. Disponível em: <https://docs.toonboom.com/help/toon-boom-studio-81/Content/TBS/User_Guide/007_Timing/000_CT_Layers_and_Timing.html>. Acesso em: 12 abr. 2021.

LITTLE Nemo. Direção: Winsor McCay. EUA: Vitagraph, 1911. 10 min.

LUCENA, S de (Org.). **Cultura digital, jogos eletrônicos e educação**. Salvador: Edufba, 2014.

LUXO Jr. Direção: John Lasseter. EUA: Pixar Animation Studios, 1986. 2 min.

MALÉVOLA. Direção: Robert Stromberg. EUA: Walt Disney Studios Motion Pictures, 2014. 97 min.

MANNONI, L. **A grande arte da luz e da sombra**: arqueologia do cinema. Tradução de Assef Kfouri. São Paulo: Senac; Unesp, 2003.

MARÇAL, E. et al. (Org.). **Sistemas e mídias digitais**: uma introdução. Campinas: Pontes, 2017.

MARY Poppins. Direção: Robert Stevenson. EUA: Buena Vista Distribution, 1964. 139 min.

MATRIX. Direção: The Wachowskis. Estados Unidos: Warner Bros. Pictures, 1999. 138 min.

MAXON COMPUTER GMBH. Cinema 4D R23. Friedrichsdorf, 2020. Aplicativo.

MCLUHAN, M. **Os meios de comunicação como extensões do homem**. São Paulo: Cultrix, 2006.

MERCENÁRIOS das galáxias. Direção: Jimmy T. Murakami. EUA: New World Pictures, 1980. 105 min.

MEYER, C.; MEYER, T. **Creating Motion Graphics with After Effects**: Essential and Advanced Techniques. Waltham: Focal Press, 2010.

MICROSOFT PROJECT. Disponível em: <https://www.microsoft.com/pt-br/microsoft-365/project/compare-microsoft-project-management-software>. Acesso em: 15 abr. 2021.

MOGLI: o menino lobo. Direção: Wolfgang Reitherman. EUA: Walt Disney Studios Motion Pictures, 1967. 88 min.

MONTECCHI, F. Além da tela: reflexões em forma de notas para um teatro de sombras contemporâneo. Tradução de Adriana Aikawa da Silveira Andrade. **Revista Móin-Móin**: Revista de Estudos sobre Teatro de Formas Animadas, Jaraguá do Sul, v. 2, n. 4, p. 63-80, 2007.

MOREIRA, J. C. T. **Dicionário de termos de marketing**: definições, conceitos e palavras-chaves de marketing, propaganda, pesquisa, comercialização, comunicação e outras áreas correlatas a estas atividades. São Paulo: Atlas, 1996.

MORIN, E. **O cinema, ou o homem imaginário**: ensaio de antropologia sociológica. Tradução de Luciano Loprete. São Paulo: É Realizações, 2014.

MUSSER, C. **History of Americam Film Series**. New York: Charles Scribner's Sons; Toronto: Collier Macmillan; Oxford: Maxwell Macmillan, 1990. v. 1: The Emergence of Cinema in America.

NAHAS, M. et al. Facial Image Synthesis Using Skin Texture Recording. **Visual Computer**, v. 6, n. 6, p. 337-343, 1990.

NEOGEO. **Blender 1.0**. Amsterdam, 1995. Aplicativo.

O DESENHO Encantado. Direção: J. Stuart Blackton. EUA, 1900. 2 min.

O ENIGMA da pirâmide. Direção: Barry Levinson. EUA: Paramount Pictures, 1985. 109 min.

O EXTERMINADOR do futuro 2: o julgamento final. Direção: James Cameron. EUA: TriStar Pictures, 1991. 137 min.

O EXTERMINADOR do futuro. Direção: James Cameron. EUA/Reino Unido: Orion Pictures, 1984. 108 min.

O PECADO mora ao lado. Direção: Billy Wilder. EUA: 20th Century Fox, 1955. 105 min.

O REI leão. Direção: Jon Favreau. EUA: Walt Disney Studios Motion Pictures, 2019. 118 min.

O REI leão. Direção: Roger Allers e Rob Minkoff. EUA: Walt Disney Studios Motion Pictures. 89 min.

O SEGREDO do abismo. Direção: James Cameron. EUA: 20th Century Fox, 1989. 146 min.

O VAPOR Willie. Direção: Ub Iwerks e Walt Disney. EUA: Walt Disney Pictures, 1929. 7 min.

OLIVEIRA, A. História da animação. **Blog dos Arteiros,** 29 jul. 2014. Disponível em: <https://blogdosarteiros.wordpress.com/2014/07/29/a-historia-da-animacao/>. Acesso em: 3 jun. 2020.

PAC-MAN. Tokyo, Japão: Namco, 1980. 1 videogame; son.; color.; Arcade.

PARKE, F. I. Parameterized Models for Facial Animation Revisited. **IEEE Computer Graphics and Applications,** v. 2, n. 9 p. 61-59, 1982.

PAUVRE Pierrot. Direção: Charles-Émile Reynaud. França, 1892. 15 min.

PLATT, S.; BADLER, N. Animating Facial Expression. **Computer Graphics,** v. 15, n. 3, p. 245–252, 1981.

PODIO. Disponível em: <https://podio.com/>. Acesso em: 15 abr. 2021.

PONG. Nova Iorque, EUA: Atari, 1972. 1 videogame; son.; p. & b.; Arcade.

PORTO, G. Câmara escura. InfoEscola. Disponível em: <https://www.infoescola.com/fotografia/camara-escura/>. Acesso em: 3 jun. 2021.

PSICOSE. Direção: Alfred Hitchcock. EUA: Paramount Pictures/Universal Pictures, 1960. 109 min.

RESIDENT Evil: o hóspede maldito. Direção: Paul W. S. Anderson. EUA: Screen Gems, 2002. 100 min.

RESUMO do recurso | Adobe Media Encoder (versões de 2020). **Adobe**. Disponível em: <https://helpx.adobe.com/br/media-encoder/using/whats-new/2020.html>. Acesso em: 8 jun. 2021.

RIBEIRO, V. M. M. **Alfabetismo e atitudes**: pesquisa junto a jovens e adultos. São Paulo/Campinas: Ação Educativa/Papirus, 2001.

RUNRUN.IT. Disponível em: <https://runrun.it/pt-BR>. Acesso em: 15 abr. 2021.

SAMPAIO, R. **Propaganda de A a Z**: como usar a propaganda para construir marcas e empresas de sucesso. Rio de Janeiro: Campus, 1997.

SHANASA, D. **Manual de sobrevivência do motion designer**. São Paulo: Layer Lemonade, 2020. Disponível em: <https://www.layerlemonade.com/motion-design/manual-de-sobrevivencia-para-motion-designers-livro>. Acesso em: 7 jun. 2021.

SHREK. Direção: Andrew Adamson e Vicky Jenson. EUA: DreamWorks Pictures, 2001. 90 min.

SILVA, M. C. M. **Lanterna mágica:** fantasmagoria e sincretismo audiovisual. [S.l.: s.n.]. Disponível em: <http://www.unicap.br/gtpsmid/pdf/CD-MariaCristina.pdf>. Acesso em: 8 jun. 2021.

SLACK. Disponível em: <https://slack.com/>. Acesso em: 15 abr. 2021.

SOARES, W. **Investigando relações entre a deep web e a web:** uma análise do mito associado à internet profunda a partir do Hacktivismo. 205 f. Dissertação (Mestrado em Comunicação e Linguagens) – Universidade Tuiuti do Paraná, Curitiba, 2017. Disponível em: <https://tede.utp.br/jspui/bitstream/tede/1226/2/INVESTIGANDO%20RELA%C3%87%C3%95ES%20ENTRE%20A%20DEEP%20WEB%20E%20A%20WEB.pdf>. Acesso em: 6 jun. 2021.

SOFTWARE de animação computadorizada, modelagem, simulação e renderização 3D. Maya. . **Autodesk.** Disponível em: <https://www.autodesk.com.br/products/maya/overview?term=1-YEAR>. Acesso em: 8 jun. 2021.

SOMASUNDARAM, A. **Realistic Facial Animation during Speech.** 2005. Disponível em: <http://accad.osu.edu/research/mocap/papers/ arun_accadsummary.pdf>. Acesso em: 07 set. 2020.

SPACE Jam: o jogo do século. Direção: Joe Pytka. EUA: Warner Bros., 1996. 88 min.

STAR Wars: Episódio I – a ameaça fantasma. Direção: George Lucas. EUA: 20th Century Fox, 1999. 136 min.

SUPER MARIO BROS. Kyoto, Japão: Nintendo, 1985. 1 videogame; son.; color.; Nintendo Entertainment System.

THE ADVENTURES of André & Wally B. Direção: Alvy Ray Smith. EUA: Lucasfilm, 1984. 2 min.

THOMAS, F.; JOHNSTON, O. **The Illusion of Life:** Disney Animation. New York: Disney Editions, 1984.

TIN Toy. Direção: John Lasseter. EUA: Pixar Animation Studios, 1988. 5 min.

TOSCANO, M. Resultado da Pesquisa: Como anda o mercado de *Motion Design* Brasileiro. **Layer Lemonade,** 25 jan. 2019. Disponível em: <https://www.layerlemonade.com/motion-design/resultado-da-pesquisa-como-anda-o-mercado-do-motion-brasileiro>. Acesso em: 6 jun. 2021.

TOY Story: um mundo de aventuras. Direção: John Lasseter. EUA: Walt Disney Studios Motion Pictures, 1995. 81 min.

TRELLO. Disponível em: <https://trello.com/>. Acesso em: 15 abr. 2021.

TRON, o legado. Direçao: Joseph Kosinski. EUA: Walt Disney Pictures, 2010. 125 min.

TRON. Direção: Steven Lisberger. Direção: Steven Lisberger. EUA/Taiwan: Walt Disney Studios Motion Pictures, 1982. 96 min.

UM CORPO que cai. Direção: Alfred Hitchcock. EUA: Paramount Pictures/Universal Pictures, 1958. 128 min.

UMA CILADA para Roger Rabbit. Direção: Robert Zemeckis. EUA: Walt Disney Studios Motion Pictures, 1988. 104 min.

VALSA com Bashir. Direção: Ari Folman. Israel/França/ Alemanha/EUA/Finlândia/Suíça/Bélgica/Austrália: Sony Pictures Classics, 2008. 90 min.

VELHO, J. **Motion Graphics**: Linguagem e tecnologia – anotações para uma metodologia de análise. 193 f. Dissertação (Mestrado em Design) – Universidade do Estado do Rio de Janeiro, 2008. Disponível em: <https://edt.org.br/wp-content/uploads/2018/07/ESDI_JVELHO_MS.pdf>. Acesso em: 7 jun. 2021.

VIAGEM à lua. Direção: Georges Méliès. França: Georges Méliès, 1902. 14 min.

VIDEO COPILOT. Disponível em: <https://www.videocopilot.net/>. Acesso em: 09 abr. 2021.

WALKING Life. Direção: Richard Linklater. EUA: Fox Searchlight Pictures, 2001. 97 min.

WALTERS, K. A Muscle Model for Animating Three-dimensional Facial Expression. In: SPECIAL INTEREST GROUP ON GRAPHICS AND INTERACTIVE TECHNIQUES, 14., 1987, Anaheim. **Proceedings**..., New York: Association for Computing Machinery, 1987. v. 12 p. 17-24.

WESTWORLD: onde ninguém tem alma. Michael Crichton. EUA: Metro-Goldwyn-Mayer, 1973. 88 min.

WILLIAMS, L. Performance-driven Facial Animation. In: SPECIAL INTEREST GROUP ON GRAPHICS AND INTERACTIVE TECHNIQUES, 17., 1990, Dallas. **Proceedings**..., New York: Association for Computing Machinery, 1990. p. 235-242.

WILLIAMS, R. **The Animator's Survival Kit**: a Manual of Methods, Principles and Formulas for Classical, Computer, Games, Stop Motion and Internet Animators. London: Faber & Faber, 2001.

WRIKE. Disponível em: <https://try.wrike.com/br/>. Acesso em: 15 abr. 2021.

SOBRE O AUTOR

Welington Soares é graduado em Artes Visuais pela Faculdade de Artes do Paraná (FAP/Unespar), especialista em Mídias Digitais e Educação, mestre em Comunicação e Linguagem pela Universidade Tuiuti do Paraná (UTP) e doutorando em Filosofia pela Universidade Federal do Paraná (UFPR). Atuou e atua nas áreas de *webdesign*, animação gráfica, *game design*, projetos em multimídia, *marketing* e comunicação digital e *e-commerce*, desenvolvendo projetos para o mercado. Além disso, tem longa experiência na docência, sempre explorando o digital e suas nuances.

Os livros direcionados ao campo do Design são diagramados com famílias tipográficas históricas. Neste volume, foram utilizadas a **Sabon** – criada em 1967 pelo alemão Jan Tschichold sob encomenda de um grupo de impressores que queriam uma fonte padronizada para composição manual, linotipia e fotocomposição – e a **Myriad** – desenhada pelos americanos Robert Slimbach e Carol Twombly como uma fonte neutra e de uso geral para a Adobe.

Impressão:
Junho/2021